망하지 않으려면
읽어야 하는
창업 필독서

창업가들이 읽어야 할 수익률 극대화 요소를 단 한 권에

최민교 정성하 문창호
임상섭 이준범 장민정 이재원

하움출판사

목
차

Chapter I

인문적 내용 (상품, 직원, 사회현상)

창업가가 알아야 할 기본

1. '나와 가족'에 대한 관심

- 창업가인 나는 얼마나 준비되어 있는가?

- 창업도 결국은 가족을 위한 선택이다

2. '고객과 직원'에 대한 관심

- 고객은 참 어렵다.

- 직원들에게도 관심이 필요하다

3. '시장과 사회'에 대한 관심

- 사회를 읽어라

- 시장을 읽어라

통계청에 따르면 2023년 기준 전체 취업자는 2,841만 명. 이 가운데 20%인 568만 명이 자영업자라고 한다. OECD 기준 자영업자 비율이 여섯 번째로 높으며, 경제 수준이 높은 주요 7개국(G7)과 비교했을 때도 대한민국의 자영업자 비율은 2배를 상회한다는 보고도 있다.

반면에 자영업의 폐업률은 어떠한가? 국세청 발표에 따르면 2021년 폐업자 수는 82만 명에 달하며, 5년간 폐업자 수는 420만 명이라고 한다. 여기에 자영업의 5년 생존율은 20%가 채 못 되며, 3년 생존율 또한 35%에 그친다는 발표도 있다.

기업에 한정하여 살펴보자. 통계청이 발표한 '2022 기업생멸행정통계결과'를 보면 2020년 신생 기업 중 2021년까지 1년을 못 버티고 폐업한 기업만 35.9%, 2016년부터 5년간 생존한 기업 비율은 34.3%라고 한다. 즉, 5년 내 폐업률이 65%를 넘는다는 이야기다.

이처럼 창업을 준비하는 이들에게 시장의 현실은 그리 녹록지 않다. 젊을 때부터 취업이 아닌 창업을 꿈꿔 온 이삼십 대부터, 퇴직 후 생업을 위해 장사를 시작하는 사오십 대, 은퇴 후 새로운 도전에 뛰어드는 육칠십 대까지, 각자의 목표를 가지고 도전하는 창업 시장에서 그들이 꿈꾸는 장밋빛 희망을 현실로 만들 수 있는 이들은 정말 극소수에 불과할 거라는 예상은 누구나 할 수 있다. 그리고 그 당사자가 내가 될 수 있고 당신이 될 수도 있다는 걸 우리는 알고 있다.

그런데도 우리는 창업을 하려고 한다. 장사를 하려고 하고 기업을 만들려 하며, 무언가를 시작하려고 한다. 그래서 공부도 하고, 조언도 얻고, 상담도 받는 등 많은 노력을 기울인다. 그런데 대부분의 예비 창업자들을 보면 아쉬운 점이 있다.

그 아쉬움이 바로 '관심의 부족'이다. 사업계획서, 상권분석, 자금 조달,

사업 전략 등 창업에 꼭 필요한 요소들도 분명 중요하나, 거기에 더해 '관심'이란 요소를 반드시 포함시켜야 한다는 게 필자의 생각이다.

주변의 학생들을 살펴보라. 학업에 관심을 둔 이들과 그러지 못한 친구들을, 자신의 꿈과 목표에 관심을 둔 이들과 그러지 못한 이들을, 부모와 선생님의 관심을 받고 자라나는 이들과 그렇지 못한 아이들을 한번 떠올려 보자.

당신이 현재 직장인이라면, 한때 직장인이었다면 주변 동료들을 기억해 보라. 자신의 업무에 관심을 두고 일을 행하는 이들과 그러지 못한 이들과의 차이를, 자신의 사업에 지대한 관심을 두었던 대표들과 그러지 못한 이들의 성과를 한번 비교해 보자.

즉, 자신이 하고자 하는 일에 있어 관심을 두고 있는 이들과 그렇지 않은 이들의 차이가 분명하다는 것을 우리는 일상생활에서 이미 체득하고 있다.

이처럼 '관심'이라는 것은 단순하지만 좋은 결과물을 가져다주는 큰 힘이 될 수 있다는 걸 우리는 반드시 기억해야 한다.

그럼 창업에 있어 '관심'이라는 게 과연 무엇인지 지금부터 한번 살펴보자. 일단 국어사전을 열어 보면, 관심을 '어떤 것에 마음이 끌려 신경을 쓰거나 주의를 기울임, 또는 그러한 마음이나 주의'라고 정의하고 있다.

즉, 관심이란 '상대에 대한 마음과 주의'라고 볼 수 있겠는데, 그럼 창업에 있어 '상대'는 누구일까? 필자는 이를 세 가지로 나눠 보았다.

첫 번째는 '나와 가족', 두 번째는 '고객과 직원', 그리고 세 번째는 '시장과 사회'로 나눈다. 즉, 필자는 예비 창업자들에게 "창업을 하려거든 나와 가족, 고객과 직원, 그리고 시장과 사회에 대한 관심을 생활화하라"는 말씀을 드리고자 한다.

1. '나와 가족'에 대한 관심

- 창업가인 나는 얼마나 준비되어 있는가?

창업에 있어 무엇보다도 중요한 것은 '나에 대한 관심'이 아닌가 싶다. 그 중에서도 판매하려는 상품과 서비스에 대해 본인 스스로가 얼마나 알고 있는지가 매우 중요하다고 생각된다.

2023년 한 해 동안 초등학생들에게 선풍적인 인기를 끌었던 중국의 겨울철 간식인 '탕후루'. 앞서 나가는 창업가라면 '초등학생과 겨울'이라는 키워드를 통해 사업의 확장 및 변화를 제때 모색할 수 있는 힘을 얻을 것이다.

즉, 겨울이 아닌 여름을 대비할 수 있는 계획이 세워질 수도 있거니와, 초등학생에게 어필할 수 있는 또 다른 아이템을 준비하려는 안목도 길러 나갈 수 있을 것이다. 이처럼 상품과 서비스에 대한 나의 관심이 창업의 성공을 결정지을 수 있는 힘이 된다는 점을 명심해야 한다.

그리고 창업가라면 자신의 건강에 대해서도 자세히 알아야 한다고 생각한다. 당연한 이야기지만, 무엇보다도 건강이 있어야 사업도 제대로 돌아가는 법이기에 창업을 준비하기 전이라면 필히 건강검진 등을 통해 미리 자신의 건강을 꼼꼼히 살펴보길 권한다. 창업 이후에도 건강 관리에 유념하여 사업장 운영에 지장이 없도록, 내 몸에 대한 관심도 놓지 말아야 한다는 점을 꼭 기억해 주길 바란다.

마지막으로 내가 가진 '자금 조달력'도 관심의 대상이 되어야 한다고 본다.

즉, 사업 초기에 발생할 수 있는 리스크를 대비한 자금, 사업이 일정 궤도에 올랐을 때 확장을 위해 필요한 자금, 그리고 위험이 닥쳤을 때 해결할 수 있는 자금 등, 적시에 필요한 자금을 내놓을 수 있는 나의 자금 조달력에도 관심을 기울여야 할 것이다.

창업을 하고 사업을 하다 보면 예상치 못했던 난관들이 분명 찾아올 때가 있다. 그리고 그 상당수가 자금과 관련된 일이라는 건 주변을 통해서도 많이 들어봤을 터, 내가 당장 어느 정도의 현금을 조달할 수 있는지, 내가 과연 어느 루트를 통해 자금을 빌려올 수 있는지 등에 대해서도 분명히 계획을 세우며 관심을 가져야 한다는 점을 강조하고 싶다.

– 창업도 결국은 가족을 위한 선택이다

우리가 창업을 하는 이유는? 나와 내 가족을 위한 경제적 여유 때문이 아닐까 싶다. 즉, 나와 내 가족의 물질적 삶의 질을 좀 더 끌어올리고 싶은 마음이 크기에 우리는 창업에 도전하고 있다고 생각된다.

물론 경제적 목적이 아닌 다른 꿈이 있어 창업하는 분들도 있겠으나, 결국은 모든 이들이 나의 꿈과 가족의 행복을 위해 창업을 시도하는 게 현실인 지금, 우리에게는 창업을 함에 있어 가족들의 삶도 살펴야 하는 과제가 당연히 주어지지 않나 생각된다.

즉, 창업에는 '가정에 대한 관심'도 중요한 요소라는 걸 강조하고 싶다. 특히 그중에서도 '웃음과 소통'이라는 키워드를 함께 생각했으면 좋겠다는 바람이 있다. 창업하고 운영함에 있어 여러 난제가 있을 것이고, 예상치 못한 난관들도 분명 나타날 것이다. 그럴 때마다 우리는 에너지가 필요하고 해결책을 찾으려 할 것이다. 그런데 이러한 위기 속에 가족들의 웃음과 가족 간의 소통이 큰 힘이 된다는 건 당연한 이치 아니겠는가?

결국 우리에게는 가족 간의 웃음소리가 끊이지 않도록, 가족 간의 소통이 원활할 수 있도록 가족 구성원 간에 관심을 가지는 노력이 분명 필요할 것이다. 그리고 이러한 노력은 분명한 에너지원이 되어 나의 사업장에서 큰 힘을 발휘할 것이라 믿어 의심치 않는다. '집안이 화목하면 모든 일이 잘된다'는 뜻의 '가화만사성'이란 고사성어가 있지 않은가? 창업을 함에 있어 가족에 대한 관심을 놓지 않아야 하는 이유를 단적으로 알려주는 '가화만사성', 창업가라면 반드시 기억하고 매일같이 되새기기를 권해 본다.

2. '고객과 직원'에 대한 관심

- 고객은 참 어렵다

얼마 전 한 라디오에서 나온 사연이다. 자신이 처음으로 방문했던 카페의 커피 맛이 정말 좋아 두세 번 더 방문했다고 한다. 그런데 네 번째 방문한 그날, 커피를 만들어 주시는 50대 사장님이 주문도 하기 전에 자신에게 미소를 지으며 이런 말씀을 하셨다고 한다.

"오늘도 따뜻한 아메리카노 샷 추가? 맞으시죠?"

사장님은 고객의 주문 특성을 기억하고 있었고 반가운 마음에 손님에게 미소를 지으며 친근감을 표시했던 거다. 그런데 사연자는 그날 이후로 그 카페를 방문하지 않았다고 한다.

사연자의 그 이유가 참 기억에 남았다.

'나에 대해 너무 잘 알아서'

필자는 고객과 관련하여 예비 창업자들에게 이런 조언을 한다. 무조건적인 관심과 친절보다는 고객 한 분 한 분의 특성을 이해하고 접근하는 맞춤형 응대가 필요한 시대라고. 물론 어떤 직종이냐에 따라 달라질 수 있는 접근법이긴 하나, 개인화가 뚜렷한 현대 시대에 있어, 맞춤형 응대는 창업을 성공시킬 수 있는 훌륭한 전략이 될 수 있다는 걸 기억해야 할 것이다.

그럼 '맞춤형 응대를 어떻게 하지?'란 고민을 할 수가 있다. 사실 이는 참 어려운 과제다. 어떠한 매뉴얼이 있는 것도 아니고, 그렇다고 따로 스킬을 배워 행할 수 있는 방법도 절대 아니다. 맞춤형 응대는 오로지 경험에서만 나올 수 있는 끊임없는 노력의 산물이다. 그리고 이러한 노력의 산물은 '고객에 대한 관심'에서부터 시작된다는 걸 명심해야 한다.

고객이 평소 어떠한 옷차림을 즐겨 입는지, 고객이 평소 어떠한 언행을 즐겨 사용하는지, 고객이 평소 어느 포인트에서 미소를 짓고 어느 지점에서 움찔하는지 등 고객의 사소한 거 하나하나에 평소 관심을 두고 관찰을 하며, 그것을 나의 사업 영역과 연결하는 능력, 우리는 이것을 기억하고 경험해야 하며 자연스럽게 몸으로 습득해야 한다.

이에 더해, 세대별 고객의 특징을 인지하는 것도 창업가에게는 반드시 필요한 능력이라고 할 수 있겠다. 알파 세대와 제트 세대, 밀레니엄 세대와 베이비부머 세대 등 주변에서 자주 노출되는 이러한 단어들을 이해하고 그 특성을 살펴보는 것도 이제는 필수라는 걸 명심했으면 한다.

경험과 관찰을 통해 배울 수 있는 영역과 주변의 자료들로부터 얻을 수 있는 세대별 특징 등, 창업가에게는 '고객에 대한 관심'을 꾸준히 연구하는 능력도 반드시 필요한 영역이라고 생각된다.

- 직원들에게도 관심이 필요하다

이런 말들을 많이 한다. '직원들을 가족같이 대하라', '직원들이 사장같이 일할 수 있는 사업장을 만들라' 등, 아주 바람직하고 이상적인 이야기들을 우리는 자주 듣곤 한다. 물론 이상적인 이야기이며 누구나 꿈꾸는 사업장일 수 있다. 그런데 현실은 어떠한가? 애당초 사장과 직원의 일에 대한 개념이 다르기에 상황은 그리 녹록지 않다. 그렇지만 창업가는 분명 직원들에 대한 관심을 놓지 않아야 한다. 그들이 안정적으로 일할 수 있는 일터를 만들어 줘야 하는 역할도 해야 한다. 그게 곧 사업장의 발전을 이끌 지름길이 될 수 있다는 걸 인지해야 한다. 물론 그럴 만한 자격을 갖춘 직원들이 있다는 전제하에서 말이다.

직원들에 대한 관심으로는 먼저 창업가의 '근로기준법 준수'를 들고 싶다. 직원들의 최저임금은 얼마인지, 직원들에게 부여되는 휴게시간은 어떻게 설정해야 하는지, 연차에 대한 정의가 어떻게 되는지 등 직원들의 복리후생과도 연결될 수 있는 근로기준법을 바로 아는 것부터가 직원들에 대한 관심의 시작이라 할 수 있겠다.

이 외에도 계약서 작성 요령, 퇴직급여 설정, 휴일 및 연장 근로, 주휴수당 지급 등 창업가가 숙지하고 지켜야 할 제도와 법을 통해서도 직원들에 대한 관심을 키울 수 있다는 점을 명심했으면 한다.

두 번째로 시스템과 매뉴얼을 이야기하고 싶다. 어릴 적 아르바이트를 하면 곤혹스러울 때가 참 많았었다. 일을 하다 보면 무언가를 결정해야 할 때가 있는데, 그럴 때마다 결정권이 없는 나로서는 우왕좌왕할 수밖에 없었던 적이 종종 있었다. 그리고 그러한 일들이 하나하나 쌓이면서 소속된 직장에 대한 믿음과 신뢰를 잃어버린 경험도 기억난다.

당시 사업장에 제대로 된 시스템과 매뉴얼이 있었다면 어땠을까? 아마도 직원으로서 겪는 불편함이 많이 줄어들지 않았을까 싶다. 시스템이 잘 갖춰져 있는 곳, 매뉴얼이 만들어져 있는 사업장, 이런 곳이야말로 직원들이 안정적으로 일하며 업무의 능률을 쉽게 올릴 수 있는 올바른 일터가 아닐까 싶다.

즉, 시스템과 매뉴얼을 제대로 갖추는 일 또한 직원들에 대한 관심을 키우는 하나의 수단이 될 수 있다는 걸 명심했으면 한다.

3. '시장과 사회'에 대한 관심

- 사회를 읽어라

저출산과 고령화에 관한 기사들이 연일 쏟아지고 있다. 생산인구 감소를 걱정하고 고령화에 따른 막대한 사회적 비용을 염려하는 목소리들이 커 가고 있는 요즘, 이러한 사회적 변화가 우리의 창업에 어떠한 영향을 끼치는지에 관해서도 관심을 가져야 하겠다.

저출산에 따른 인력 부족 문제, 고령화에 따른 소비층의 급변과 이에 따른 상품 카테고리의 변화 등 실제로 창업가에게 끼치는 영향이 큰 이런 이슈들을 우리는 주의 깊게 살펴봐야 한다.

대한민국의 연도별 출생아 수를 살펴보자. 2000년도에 태어난 출생아 수는 64만 명, 2010년에는 47만 명, 2020년은 27만 명을 나타내고 있다 (통계청 자료 참고).

이를 좀 더 세세히 살펴보면 현재 당신이 대학생을 상대로 영업을 하고 있다고 했을 때, 향후 5년 후의 잠재적 고객 수는 어떻게 될 것인지 예상될 것이다. 현재 중고등학생을 주 고객층으로 삼고 있는 사업장이 있다면 앞으로 5년 후에는 소비층의 감소가 어떠할지 충분히 예상될 것이다.

똑같이 고령화 사회에 대한 예상도 충분히 가능할 것이며, 그에 따른 상품과 서비스의 카테고리가 어떻게 바뀔 것인지도 충분히 짐작할 수 있을 것이다.

혹시 주변에서 키즈카페를 하려는 이들이 있다거나 스터디카페를 열려는 지인들이 있다면 위와 같은 자료를 한번 제시해 보라. 분명 해답이 나올 것이다.

환경 문제도 비슷하다. 식당 및 카페 내에서의 일회용품 사용 규제, 온라인 커머스 성장에 따른 택배 과대포장 규제, 가치소비를 지향하는 소비층의 출현 등 환경과 관련하여서도 다양한 이슈들이 우리의 창업과 경영에 큰 영향을 끼친다는 걸 꼭 인지했으면 한다.

그뿐만이겠는가. 최근에는 산업안전 및 노동환경에 관한 관심이 커 가면서 중대재해처벌법 등 사업주가 고려해야 할 범위가 점점 더 넓어지고 있다는 점도 명심해야 한다. 즉, 사회적 변화를 그저 바라보고만 있을 게 아니라 이를 어떻게 사업장에 적용하여 자사의 경쟁력으로 키울 것인지를 꾸준히 고민해야 할 것이다.

이 외에도 AI 및 로봇 기술의 발전, 자율주행 차량의 상용화에 따른 변화 등 사회 곳곳의 발전과 변화가 우리의 창업에 어떠한 영향을 끼칠지를 늘 관심 있게 살펴보며 사회가 어떻게 변화하고 있는지를 읽는 눈을 키워야 할 것이다.

- 시장을 읽어라

내가 하고자 하는 업종과 카테고리에 있어 시장이 어떻게 변화하고 있는지도 우리는 관심을 가져야 한다. 코로나19라는 팬데믹 이후 온라인 커머스 시장의 성장이 정말 두드러지고 있는 가운데, 어느 통계에 의하면 2023

년 한 해 온라인 커머스 시장의 거래액이 230조 원을 넘어섰다는 자료도 보인다. 혹자들은 온라인 시장의 성장이 계속될 것이라고 예상하면서도 언젠가는 오프라인 시장을 뛰어넘는 시장을 형성할 것이라고 내다보고 있다. 여기에 새벽 배송, 당일 배송, 1시간 배송 등 빠르고 편리함을 제공하는 플랫폼들이 가세하면서 시장은 점점 다이내믹해지고 있다.

이런 가운데 내가 창업하고자 하는 업종은 과연 이런 현상과 어떻게 연관될 수 있는지에 대해서도 우리는 고민을 해야 한다. 온라인시장과 경쟁을 해야 할지, 아니면 이런 상황을 기회로 삼고 온라인시장에 도전해 볼지 등 다각도로 여러 생각을 할 수 있겠다.

이 외에도 결제 방식의 간편화, 무인 시스템의 보편화, 가치와 경험을 중요시하는 현상 등 시장과 소비문화의 변화 등에 관심을 가지고 꾸준히 살펴보며 학습하는 노력을 기울여야 할 것이다. 더불어 경쟁사는 어떻게 하고 있는지, 무엇을 하려고 하는지, 어떠한 변화를 모색하는지 등에 관해서도 관심을 가지며, 늘 시장의 변화에 발맞춰 갈 수 있는 능력을 기르는 것도 중요하다는 것을 명심했으면 한다.

지금까지 창업가로서 반드시 가져야 할 '관심의 생활화'를 살펴봤다. 나와 가족에 대한 관심에서부터 고객과 직원, 시장과 사회에 이르기까지 주변에 대한 관심이 창업에 있어 얼마나 중요한지를 되새겨 보는 계기가 되었으면 좋겠다.

창업의 시기가 꼭 지금이 아니더라도 미리부터 우리는 관심을 습관화해야 한다. 식당에 들렀을 때 종업원이 어떻게 응대를 하는지, 비품의 배치는 어떠한지, 사장의 태도는 바람직한지 등을 습관처럼 살펴보는 연습을 계속해야 할 것이다. 이뿐만이겠는가, 내가 방문한 이 시간에 손님이 많고 적은 이유 등을 예상해 보고, 주변의 상권이 어떠한지, 거주민들의 분포는 어떻게 되는지, 차량 이동에 있어 불편한 점은 없는지, 이를 보완할 방법은 무엇인지 등을 고민해 보는 것도 훗날 창업을 함에 있어 큰 도움이 되리라 믿는다.

서두에서도 언급했듯이 현대 시대의 창업은 수많은 위험 요소 등을 안고 있다. 우리는 이러한 위험 요소 등을 하나하나 제거해 가며 성공의 길로 들어서야 할 터, 관심의 생활화가 성공의 지름길로 인도하리라 믿는다. 아무쪼록 나와 가족, 고객과 직원, 시장과 사회에 대한 관심을 놓지 않기를 바란다.

Chapter II

창업 전에 꼭 알아야 할 사항

처음 창업을 준비하는 동안 분주하게 움직였던 기억이 난다. 1인 창업인지라 하나부터 열까지 발로 뛰고 모르는 부분은 주변의 도움을 받으면서 비용 절감을 하기 위해 고군분투하였다. 10년 전 이야기이므로 지금처럼 정보가 많지도 않았고, 있다 할지라도 어디서 어떻게 누구에게 정보를 구해야 하는지도 몰랐다.

사업장을 열기 위해서 무엇이 필요한지도 몰랐던 시절….

지금도 개개인에 따라서는 정보의 시대에서 한 발 물러나 있거나 아니면 너무나 많은 정보의 홍수 속에서 진짜와 가짜 그리고 나에게 필요한 것을 선별하기 위해 헤엄치고 있을 거라고 본다.

2023년 말 기준 우리나라 개인사업자는 무려 864만 개다.

5,000만 인구를 4인 가족으로 봤을 때 두 가구당 한 개의 사업자가 있는 셈이므로 바야흐로 '사업자 전성시대'라고 할 수 있다.

그렇다면 우리도 시대의 흐름에 함께하기 위해 창업을 준비하며 사업자를 내는 것부터 천천히, 그러나 부담 없이 살펴보도록 하자.

1. 사업자등록

　일단 신규로 사업을 시작하려는 사람은 사업개시일 이전부터 사업개시일 20일 이내에 사업장 관할 세무서에 사업자등록을 신청하여야 한다.

　홈택스(http://www.hometax.go.kr)에 가입되어 있고 공인인증서가 있다면 세무서에 방문하지 않고 인터넷을 통한 사업자등록 및 구비서류 전자 제출이 가능하며 완료되면 발급도 가능하다.

　이때 준비할 서류는 다음과 같다.

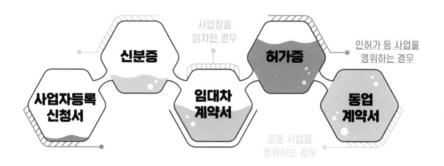

　여기서 개인사업자는 공급대가에 따라 간이과세자와 일반과세사로 구분되므로 올바른 과세유형을 선택하여야 한다. 처음 사업자를 내시는 분이라면 처음 들어본 단어일지도 모른다.

여기서 간이과세자와 일반과세자의 차이에 대해 알아보겠다.

두 사업자를 구분하는 가장 중요한 기준은 매출액이다. 2024년 7월 1일부터는 간이과세 적용 기준 금액이 1억 4백만 원 미만인 개인사업자로 변경되었다.

* 부동산임대업 및 과세유흥장소는 종전과 동일하게 4,800만 원 미만이다. 다만, 아래 사업자는 연간 공급대가 예상액이 1억 4백만 원 미만이라도 간이과세를 적용받을 수 없다.

- 광업, 제조업(과자점, 떡방앗간, 양복·양장·양화점은 가능)
- 도매업(소매업 겸업 시 도·소매업 전체), 부동산매매업
- 시 이상 지역의 과세유흥장소
- 전문직사업자(변호사, 신판변론인, 변리사, 법무사, 공인회계사, 세무사, 경영지도사, 기술지도사, 감정평가사, 손해사정인업, 통관업, 기술사, 건축사, 도선사, 측량사업, 공인노무사업, 약사업, 한약사업, 수의사업 등)
- 국세청장이 정한 간이과세 배제 기준에 해당되는 사업자
- 현재 일반과세자로 사업을 하고 있는 자가 새로이 사업자등록을 낸 경우(다만, 개인택시, 용달, 이·미용업은 간이과세 적용 가능)
- 일반과세자로부터 포괄양수 받은 사업

간이과세자와 일반과세자는 부가가치세에서만 차이가 있으며 소득세, 원천세 등에서는 차이가 없다.

그렇다면 부가세란 무엇일까?

쉽게 말하면 매출세액과 매입세액 간의 차이를 세금으로 납부하는 것을 말한다.

부가가치세법상 우리나라의 모든 사업자는 부가가치세를 신고 및 납부

하여야 하는 의무를 진다. 이에 따라 부가가치세가 면제되는 면세사업자를 제외한 우리나라의 모든 사업자는 부가세를 신고 및 납부하여야 한다. 하지만 일부 매출이 적은 개인사업자들에게는 간소화된 방식으로 매출에 대한 세금을 매기는데, 이런 방식을 간이과세 방식이라 하고 이를 적용받는 개인사업자를 간이과세자라고 한다.

간이과세자와 일반과세자의 차이는 다음과 같다.

- 세금 부담

일반과세자는 매출에 대해 항상 부가가치세율 10%가 발생한다.

반면 간이과세자는 1.5%~4%의 낮은 세율이 적용되는데, 이는 부가가치세율 10%에 업종별 부가가치율 15~40%를 곱하기 때문이다. 즉, 매출세액이 1.5%~4%에 해당함을 의미하여 일반과세자에 비해 부가가치세가 낮게 발생하므로 세 부담이 줄어든다.

업종별 부가가치율은 다음과 같이 적용된다.

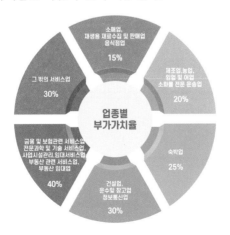

글로만 읽다 보니 이것이 무슨 소리인가 싶을 것이니 예를 들어보겠다.

BAKERY — 연매출 1억원 제과점 사장님이 간이과세자가 되면

*매출액 1억원, 매입액 6000만원 가정

일반과세자				간이과세자				
구분	금액(공급가액,원)	세율(%)	세액(원)	구분	금액(공급가액,원)	세율(%)	부가율(%)	세액(원)
매출세액	1억	10	1000만	매출세액	1억1000만	10	15	165만
매입세액	6000만	10	600만	매입세액	6600만		0.50	33만
납부세액			**400만**	**납부세액**				**132만**

*간이과세자 공급대가는 부가세를 포함한 금액

일반과세자였을 경우 (1억 원×10%) - (6,000만 원×10%) = 400만 원을 부가세로 납부해야 한다. 반면 간이과세자일 때 공급대가가 1억 1,000만 원이고, 매입세액이 6,600만 원이라고 하면 세금은 132만 원이다.

참고로 간이과세자의 부가세 계산은 매출세액(공급대가×10%×부가율) - 공제세액(계산서상 매입액×0.5%)으로, 매입액도 모두 적용하지 않고 0.5%만 적용하겠다는 뜻이다.

하지만 물건을 팔 때 부가세 10%를 받지 못하므로 간이사업자가 부담한 매입세액 10% 역시 환급을 못 받는다.

이렇게 사업을 처음 시작하는 사업자의 경우 간이과세자를 선택하면 세금이 줄어든다. 사업을 하다가 매출이 기준을 넘어서면 다음 해부터 일반과세자로 변경된다는 알림이 오기도 하며, 내가 뭘 하지 않아도 잘 팔고 잘 벌면 간이에서 일반으로 변경해 준다.

- 세제 혜택

일반과세자는 1년에 2회 부가가치세 신고를 하지만, 그와 달리 간이과세
자는 1년에 1번만 한다.

* 일반과세자

과세기간	과세 대상 기간		신고납부 기간	신고 대상자
제1기	확정신고	1.1~6.30	7.1~7.25	개인 일반사업자
제2기	확정신고	7.1~12.31	다음 해 1.1~1.25	개인 일반사업자

* 간이과세자

과세기간	신고납부 기간
1.1~12.31	다음 해 1.1~1.25

- 세금계산서

간이과세자의 경우 직전연도 공급대가가 4,800만 원 이상일 때만 발급
이 가능하다. 당연히 간이과세자임을 명시해야 한다. 공급대가가 4,800만
원보다 낮다면 세금계산서를 발급할 수 없다. 그리고 매출이 8,000만 원
이상일 경우는 의무적으로 발행을 하게 되었다.

규모가 있는 기업들끼리는 거래 시 세금계산서를 발행해서 현금으로 처
리하는 경우가 많은데, 간이과세자의 경우는 처리가 되지 않으니 단점이라
고 할 수 있다.

전자(세금)계산서 발급은 국세청 홈택스 홈페이지에 들어가서 하며, 이때 사업자 로그인하고 [전자(세금)계산서 인증서]가 있어야 한다.

당연히 일반과세자는 공급대가에 관계없이 계산서를 발급할 수 있고 대부분 전자세금계산서를 발급하며, 가끔 종이 영수증으로 발급하기도 하지만 효력은 같다.

그렇다면 표로 정리를 해 본다.

구분	일반과세자	간이과세자
대상사업자	간이과세자가 아닌 사업자	직전연도 공급대가 합계액 1억 4백만 원 미만 (부동산임대업, 개별소비세법에 따른 과세유흥장소는 4,800만 원 미만)
	간이과세 적용 기준금액에 해당하는 경우에도 일부 업종 간이과세 적용 배제 (광업, 제조, 도매, 부동산매매업, 일정 규모 이상 부동산임대업 등)	
과세기간	2회	1회
과세표준	공급가액 (부가가치세를 제외한 금액)	공급대가 (부가가치세를 포함한 금액)
매출세액	공급가액 × 10%	공급대가 × 부가가치율 × 10%
매입세액	공급가액 × 10%	공급대가 × 0.5%
납부(환급)세액	매출세액 − 매입세액	매출세액 − 매입세액
세금계산서	세금계산서 또는 영수증 발급의무	공급대가 4,800만 원 미만 영수증 발급
		공급대가 4,800만 원~1억 4백만 원 세금계산서 발급 의무
납부의무면제	해당없음	공급대가 4,800만 원 미만

구분	일반과세자	간이과세자
장단점	**장점** 세금계산서 발급, 매입세액 전액 공제 환급 가능, 의제매입세액 공제	**장점** 납부 면제, 낮은 세금 부담, 신고 절차 간편(1년에 한 번 신고납부) **단점** 세금계산서 발급 불가(4,800만 원 미만), 환급 불가, 매입세액 공제(공 급대가×0.5%), 의제매입세액 공제 불가

　사업 발전에 어느 쪽이 유리할지는 어떤 사업을 영위하는지에 따라 각자가 판단할 몫인 것 같다.

　간이사업자로 시작하여 사업의 성장이 이루어지면 자연스럽게 일반과세자로 넘어가므로 내 사업의 성장과 발전 가능성을 판단할 수 있는 기준이 된다.

2. 여성기업인증

그 외에 추가적으로 알고 있으면 좋은 '여성기업인증'에 대해서도 알아보자.

우리나라는 여성기업을 대상으로 다양한 혜택을 제공하기 때문에 자격 요건이 충족된다면 확인서를 발급받아 활용하는 것이 현명하다고 할 수 있다.

여성기업확인서를 통해 기업의 경쟁력을 높이고 정부와 지자체의 다양한 지원사업에 참여할 기회를 얻어 기업의 성장과 발전을 도모할 수 있다. 그뿐만 아니라 여성의 경제 활동과 지위 향상을 목적으로 한다.

그렇다면 여성기업확인서 발급에 관한 사항들을 알아보도록 하자.

- 여성기업이란?

여성이 소유하고 경영하는 기업으로 법령에서 정하는 기준에 해당하는 기업을 말한다.

- 여성기업확인서란?

  기준 요건을 갖추고, 중소벤처기업부 장관이 그에 해당하는지를 심사하여 승인해 준 경우 발급받을 수 있는 서류이다.

- 여성기업 지원 혜택

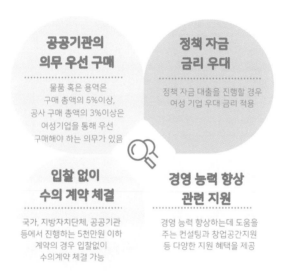

  공공구매제도를 통해 공공기관에서 여성기업제품(여성기업이 직접 생산하고 제공하는 물품, 용역, 공사)을 우선 구매하여야 하는데, 「여성기업지원에 관한 법률」 제9조 및 동법 시행령 제7조에 의거하여 공공기관은 여성기업의 물품·용역을 각 구매 총액의 5% 이상, 공사의 경우 구매 총액에서 3% 이상을 구매하여야 한다.

* 여성기업제품 소액 수의계약 금액

금액	수의계약 가능 기업	관련 법률
추정 가격 2천만 원 이하	모든 기업	국가를 당사자로 하는 계약에 관한 법률 시행령 제26조, 제30조 지방자치단체를 계약자로 하는 계약에 관한 법률 시행령 제25조, 제30조
추정 가격 1억 원 이하	여성기업 가능	

* 공공구매 가점

조달청 기술용역 여성기업 신인도 가점			
심사 항목	세부 항목	배점	비고
여성기업	여성기업확인서를 발급 받은 존속기간에 따라 – 3년 이상 – 3년 미만	0.5 (0.5) (0.25)	추정 가격이 고시금액 미만 (건축사법에 따른 설계는 1억 원 미만) 인 용역에 한하여 적용

조달청 물품 구매 여성기업 신인도 가점		
심사 항목	세부 항목 및 등급	배점
여성기업	여성기업확인서를 발급받은 존속기간에 따라 – 5년 이상 ~ 10년 미만 – 3년 이상 ~ 5년 미만 – 3년 미만	 0.75 0.5 0.25

조달청 일반 용역 여성기업 신인도 가점		
심사 항목	세부 항목 및 등급	배점
여성기업	여성기업확인서를 발급받은 존속기간에 따라 – 5년 이상 ~ 10년 미만 – 3년 이상 ~ 5년 미만 – 3년 미만	 0.75 0.5 0.25

경영 상태 평가(15점)

- 50억 원 미만 10억 원 이상 토목 또는 건축공사(토건 포함), 10억 원 미만 3억 원 이상 전기·정보통신·소방시설·문화재 공사 등의 경우 「여성기업지원에 관한 법률」 제2조제1호에 따른 여성기업(이하 '여성기업'이라 하며, 공공구매 종합정보망에 등록한 자에 한함)의 시공비율이 30% 이상인 때에는 경영 상태 취득 점수(공동수급체 전체의 점수를 말한다.)에 10%를 가산 평가한다.

조달청 이외에도 행정안전부 가산점, 국방부 가산점, 방위사업청 가산점, 환경부 가산점 등 공공기관에서 많은 우대를 받을 수 있다.

- 발급 신청 대상 기업 기준 요건

1 개인사업자 - 사업자의 대표자(소득세법 및 부가가치세법에 따라)이면서 의사 결정 등 결재권을 가지고 행사하여 실질적으로 운영 경영을 하여야 함.

2 법인사업자 - 등기가 되어 있는 회사의 대표자이면서 최대 출자자, 즉 주식회사인 경우 본인의 명의로 소유하고 있는 주식의 지분이 주주 중 가장 많아야 하고 개인사업자와 마찬가지로 의사 결정 등을 직접 하여 실질적인 운영 경영을 하여야 함.

3 공동대표자 - 대표가 공동일 경우, 남성보다 여성이 더 주식을 많이 보유한 여성 대표자

4 협동조합 - 총조합원 중에서 여성이 과반수 이상, 총출자 수의 과반 이상을 여성이 출자, 임원 중 여성이 과반수 이상일 경우

- 발급신청 서류

❶ 여성기업확인 신청서(입력 후 출력, 서명 날인하여 업로드)

❷ 사업자등록증

❸ 사업자등록증명원

❹ 신청기업 현황서

❺ 4대사회보험 사업장 가입장명부(상시근로자가 있는 경우)

❻ 면담 확인서

- 확인 절차

❶ 공공구매 종합정보망(www.smpp.go.kr)에 회원가입을 한다.

❷ 로그인 후 – 홈 화면 – 확인서 신청 – 여성기업확인서 신청/출력 클릭

신청을 클릭하면 다음과 같은 화면이 뜬다.

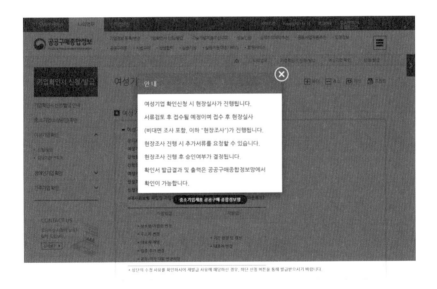

　화면을 보면 알겠지만 현장실사 진행에 대해서도 안내가 되고 있고 그
후 승인 여부가 결정된다.

조사관은 회사를 방문하여 대표자의 실제 경영 여부, 사업장의 운영 상태 등 제출된 서류와 일치하는지를 중점적으로 심사한다. 실사를 나올 한국여성경제인협회를 선택하면 지역마다 담당하는 곳이 있으므로 맞게 신청해야 한다.

필요한 서류를 다운받아 작성하여 업로드하면 된다. 만약 4대보험 가입자가 없다면 '4대사회보험 대체서류 안내'를 다운받아 그대로 실행하면 된다.

신청기업 현황서

* 작성방법 : 빈칸없이 모두 작성하여 주시기 바랍니다.

□ **일반현황**

업 체 명			대표자 생년월일			휴대전화	
연 락 처	전화		FAX		E-mail		
사업자등록번호				법인등록번호	(개인사업자 미기재)		
사업개시일			대표자 취임일		업 종		
전년도매출액		백만원	상시근로자수		명	생산품목	
여성기업확인서 신청목적							.

□ **일반특성**

재무현황	자본금		백만원	최근 3개월 매출액	
대표자 경력	(주요 경력사항 및 사업관련 전공사항 등 대표자의 전문성을 기재)				
창업동기	(대표자의 창업동기를 기재)				
기업소개					
주요매입·매출처	(주요 매입·매출처를 각 3개사 이내로 기재하고 기업의 매입·매출의 비중을 표기)				
사업추진계획	(향후 기업운영에 대한 계획을 기재)				
자격 및 특허보유여부	(보유 시 기재(자격명 및 자격번호 기재), 미보유시 미기재)				
위의 기재사항 중 **대표자 경력, 사업추진계획**에 관한 증빙자료가 있을 시 별첨하여 제출하여 주시기 바랍니다.					

　　신청기업 현황서는 그리 어렵지 않다. 조건에 맞는다면 신청해서 공공기관 계약 건이나, 지원사업, 대출 등에서 반기를 바란다.

3. 다중이용업소의 안전관리

이 부분은 소방안전법이라 어렵다고 느끼실 수도 있을 것 같다. 저자가 이 부분을 알게 된 것은 건물주가 되어서 소방시설 관리업자에 안전점검을 맡기지 않고 내가 직접 하리라는 큰 꿈을 가지고 소방안전관리사 1급 시험에 도전하면서였다. 처음엔 많이 어려웠다. 지금도 전문업으로 하는 것이 아닌지라 어렵지만, 배워 두니 많은 도움이 되고 있다. 이 책을 보시는 분들도 나중에 꼭 도전해 보시면 좋겠다.

허투루 지나는 시간은 없다고 생각하기에, 발을 내딛고 비록 실패하더라도 나는 한 발 나아갔다는 것이 중요하지 않을까?

그럼 작은 지식이나마 함께 공유해 보겠다.

전문직이나 기술창업이 아닌 이상 대부분 창업하는 업종은 비슷할 것 같다. 바로 다중이용업이다.

다중이용업이란 불특정다수인이 이용하는 영업 중 화재 등 재난 발생 시 생명·신체·재산상의 피해가 발생할 우려가 큰 것으로서 대통령령으로 정하는 영업을 말한다. 다만, 영업을 옥외시설 또는 옥외장소에서 하는 경우 그 영업은 제외된다.

시대와 공간을 막론하고 우리는 예상하기 어려운 재난이나 사고의 위험 속에 노출되어 살고 있다. 그래서 재난을 예방하고 피해를 최소화하기 위해 재난 예방 및 각종 사고에 대해 대처 능력을 키우고, 안전 강화와 재난 관리, 안전 문화 등을 위해 노력하고 있다.

대부분의 건축물은 건축허가 등의 동의가 이루어져야 사용승인이 나므로 소방시설 등이 잘 설치되어 있고 주기적인 점검과 교육, 훈련을 통해 잘 이루어지고 있다.

다중이용업은 다중이용업소의 안전관리에 관한 특별법이 있다. 이 법은 화재 등 재난이나 그 밖의 위급한 상황으로부터 국민의 생명·신체 및 재산을 보호하기 위하여 다중이용업소의 안전시설 등의 설치·유지 및 안전관리와 화재위험평가, 다중이용업주의 화재배상책임보험에 필요한 사항을 정함으로써 공공의 안전과 복리 증진에 이바지함을 목적으로 한다.

다중이용업의 범위는 다음과 같다. 창업 시 업종이 다중이용업에 해당하는지도 알아두면 좋다.

업종	요건	관련법
휴게음식점영업	• 지하층: 66㎡ 이상 • 지상층: 2층 이상은 100㎡ 이상 • 단, 주 출입구가 1층 또는 지상과 직접 접하는 층에 설치되고 영업장의 주된 출입구가 건축물 외부의 지면과 직접 연결된 경우 제외	식품위생법 시행령 제21조제8호
제과점영업		
일반음식점영업		
단란주점영업	• 층별, 면적 구분 없이 적용	
유흥주점영업		

업종	요건	관련법
휴게음식점영업	• 공유주방을 운영하는 영업 • 지하층: 66㎡ 이상 • 상층: 100㎡ 이상 • 단, 주 출입구가 1층 또는 지상과 직접 접하는 층에 설치되고 영업장의 주된 출입구가 건축물 외부의 지면과 직접 연결된 경우 제외	식품위생법 시행령 제21조제9호
제과점영업		
일반음식점영업		
영화상영관 비디오물감상실업 비디오물소극장업 복합영상물제공업	• 층별, 면적 구분 없이 적용	영화 및 비디오물의 진흥에 관한 법률 제2조10호·제16호
학원	• 수용 인원 300명 이상인 것 • 수용 인원 100명 이상 300명 미만인 것 중 다음 각호에 해당. • 단, 건축법시행령 제46조에 따른 방화구획으로 나누어진 경우 제외 ❶ 하나의 건축물에 학원과 기숙사가 함께 있는 학원 ❷ 하나의 건축물에 학원이 2 이상 있는 경우로서 학원의 수용 인원이 300명 이상인 학원 ❸ 하나의 건축물에 다중이용업과 학원이 함께 있는 경우	학원의 설립·운영 및 과외교습에 관한 법률 제2조제1호
목욕장업	• 일반목욕장업: 층별, 면적 구분 없이 수용인원 100명 이상(찜질방 형태의 시설을 갖춘 부분만 산정) • 찜질방 형태의 목욕장업: 층별, 면적 구분 없이 적용	공중위생관리법 제2조제1항제3호
게임제공업 인터넷컴퓨터게임 시설제공업 복합유통게임제공업	• 층별, 면적 구분 없이 적용 • 단, 게임제공업 및 인터넷컴퓨터게임시설제공업은 1층 또는 피난층에 면한 장소는 제외	게임산업진흥에 관한 법률 제2조제6호·제6호의2·제7호 및 제8호

업종	요건	관련법
권총사격장	• 층별, 면적 구분 없이 적용(실내사격장에 한정하며, 같은 조 제1항에 따른 종합사격장에 설치된 경우를 포함한다.)	사격 및 사격장 안전관리에 관한 법률
가상체험 체육시설업	• 층별, 면적 구분 없이 적용(실내에 1개 이상의 별도의 구획된 실을 만들어 골프 종목의 운동이 가능한 시설을 경영하는 영업으로 한정한다.)	체육시설의 설치·이용에 관한 법률 제10조제1항제2호
안마시술소	• 층별, 면적 구분 없이 적용	의료법 제82조제4항
노래연습장업	• 층별, 면적 구분 없이 적용	음악산업진흥에 관한 법률 제2조제13호
산후조리업	• 층별, 면적 구분 없이 적용	모자보건법 제2조제10호
고시원업, 전화방업, 화상대화방업, 수면방업, 콜라텍업, 방탈출카페업	• 층별, 면적 구분 없이 적용	다중이용업 특별법 시행규칙 제2조
키즈카페업	• 실내 공간에서 어린이에게 놀이를 제공하는 영업	관광진흥법 시행령 제2조제1항제5호 다목
	• 실내에 어린이 놀이 시설을 갖춘 영업	어린이놀이시설 안전관리법 제2조제2호 및 같은법 시행령 별표2제13호
	• 휴게음식점영업으로서 실내 공간에서 어린이에게 놀이를 제공하고 부수적으로 음식류를 판매, 제공하는 영업	식품위생법 시행령 제21조제8호가목

업종	요건	관련법
만화카페업	• 만화책 등 다수의 도서를 갖춘 다음의 영업(다만, 도서를 대여,판매만 하는 영업인 경우와 영업장으로 사용하는 바닥 면적의 합계가 50㎡ 미만인 경우는 제외) • 휴게음식점업 • 도서의 열람, 휴식 공간 등을 제공할 목적으로 실내에 다수의 구획된 실을 만들거나 입체 형태의 구조물을 설치한 영업	식품위생법 시행령 제21조제8호 가목

다중이용업소에 종사하는 다중이용업주와 종업원은 소방안전교육을 이수하여야만 한다.

- 교육대상자

❶ 다중이용업주

❷ 종업원(해당 영업장을 관리하는 종업원 1명 이상 또는 국민연금 가입 의무 대상자인 종업원 1명 이상)

❸ 다중이용업을 하려는 자

- 교육 통보

❶ 신규 교육 대상자 중 안전시설 등의 설치신고 또는 영업장 내부구조 변경신고를 하는 자 – 신고 접수 시

❷ 수시 교육 및 보수 교육 – 교육일 10일 전

- 교육 횟수 및 시기

❶ 신규 교육 - 다중이용업을 하려는 자는 다중이용업을 시작하기 전, 종업원은 다중이용업에 종사하기 전

❷ 수시 교육 - 위반 행위가 적발된 날부터 3개월 이내 다중이용업주와 교육 대상 종업원

❸ 보수 교육 - 신규 교육 또는 직전의 보수 교육을 받은 날이 속하는 달의 마지막 날부터 2년 이내에 1회 이상

- 교육 시간은 4시간 이내

또한 모든 다중이용업소는 피난안내도도 비치하여야 한다. 포함되어야 할 내용은 다음과 같다.

❶ 화재 시 대피할 수 있는 비상구 위치

❷ 구획된 실 등에서 비상구 및 출입구까지의 피난 동선

❸ 소화기, 옥내소화전 등 소방시설의 위치 및 사용 방법

❹ 피난 및 대처 방법

피난안내도 설치 제외 장소
• 영업장으로 사용하는 바닥 면적의 합계가 33㎡ 이하인 경우 • 영업장 내 구획된 실이 없고 영업장 어느 부분에서도 출입구 및 비상구 확인이 가능한 경우

연막 소독 시에도 신고를 한 후 해야 한다. '미신고로 인한 오인 출동'이 지금도 발생하고 있다.

화재 등의 통지(소방기본법 제 19조)

① 화재 현장 또는 구조·구급이 필요한 사고 현장을 발견한 사람은 그 현장의 상황을 소방본부, 소방서 또는 관계 행정기관에 지체 없이 알려야 한다.

② 다음 각 호의 어느 하나에 해당하는 지역 또는 장소에서 화재로 오인할 만한 우려가 있는 불을 피우거나 연막 소독을 하려는 자는 시·도의 조례로 정하는 바에 따라 관할 소방본부장이나 소방서장에게 신고하여야 한다.
  1. 시장 지역
  2. 공장·창고가 밀집한 지역
  3. 목조건물이 밀집한 지역
  4. 위험물의 저장 및 처리시설이 밀집한 지역
  5. 석유화학제품을 생산하는 공장이 있는 지역
  6. 그 밖의 시·도 조례로 정하는 지역 또는 장소

위 ①을 위반하여 화재 또는 구조·구급이 필요한 상황을 거짓으로 알린 자는 500만 원 이하의 과태료에 처함
위 ②에 따른 신고를 하지 않아 소방자동차를 출동하게 한 자는 20만 원 이하의 과태료에 처함

그렇다면 '화재'는 무엇일까?

화재란 사람의 의도에 반하거나 고의 또는 과실에 의해 발생하는 연소 현상으로서, 소화할 필요가 있는 현상 또는 사람의 의도에 반하여 발생하거나 확대된 화학적 폭발 현상을 말한다.

화재에도 종류가 있고 소화기 또한 그에 맞게 설치 및 사용되어야 한다. 보통 흔히 볼 수 있는 소화기가 'ABC 소화기'인데 이는 ABC 화재에 대해

소화 가능한 소화기를 말하며 가장 많이 제작 유통되는 소화기이다.

주방 화재는 K급 화재로 소화기가 따로 존재한다.

이것은 가정집에서도 마찬가지로 기름에 불이 붙었을 때 물을 이용하여 소화를 하려고 하면 큰일 난다는 사실은 알고 계실 거라고 믿는다.

그렇다면 소화기 작동 여부를 확인해서 비치해야 하는데, 소화기 점검 방법은 아래와 같다.

❶ 소화기 상단에 있는 압력계에 있는 화살표가 녹색 안에 있어야 제대로 작동한다.

❷ 제조일자를 확인하여 제조한 날짜를 기준으로 10년의 기한이 정해져 있다.

❸ 만약 폐기해야 할 경우 분말 소화기는 생활폐기물로 분류되어 시·군·구청에 신고 후 배출해야 한다.

이 글을 읽고 바로 소화기를 확인해 보면 여태 몰랐던 사실이 보일 것이다. 독자 여러분께서는 소화기 사용 방법에 대해서도 잘 숙지하길 바란다.

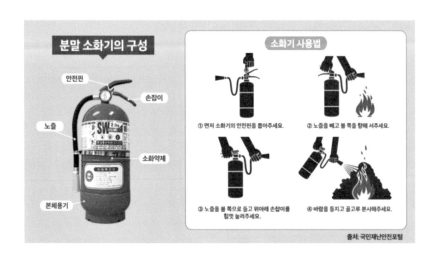

화재의 종류는 다음과 같다.

화재의 분류	정의	특징	소화 방법
일반화재 (A급 화재)	• 일상생활에서 가장 많이 존재하는 가연물에서 비롯된 화재(종이, 나무, 솜, 고무, '폴리~'류 등) • 화재 발생 건수 월등히 높은 화재(보통화재)	• 연소 후 재가 남는다.	• 냉각 소화가 가장 효율적(다량의 물 또는 수용액으로 소화) • 분말 ABC 소화기 사용
유류화재 (B급 화재)	• 유류에서 비롯된 화재(인화성 액체, 가연성 액체, 알코올, 인화성 가스 등)	• 연소 후 재가 남지 않는다. • 물을 뿌리면 오히려 더 위험함.	• 젖은 모포를 덮어주거나 소화기 등을 이용해 산소 차단하는 질식 소화 • 분말 ABC 소화기 사용
전기화재 (C급 화재)	• 콘센트, 전봇대, 고압전선, 기타 전기 설비 등 과부하나 전기 누전 등에 의해 발생하는 전기 관련 화재(전기 에너지로 발생한 화재 제외)	• 물을 이용한 소화 시 감전 위험이 있다.	• 먼저 차단기로 전기를 차단한 뒤 이산화탄소 소화기나 분말 소화기를 이용한 질식 소화 • 분말 ABC 소화기 사용

화재의 분류	정의	특징	소화 방법
금속화재 (D급 화재)	• 가연성 금속류가 가연물이 되어 비롯된 화재로 산업현장에서 많이 발생함. • 특히 가연성이 강한 금속류는 칼륨, 나트륨, 마그네슘, 알루미늄이 있으며 분말 상태일 때 가연성 증가됨.	• 대부분 물과 반응해 폭발성 강한 수소 발생시킴(수계 소화약제 사용 금지) * 수계 소화약제: 물, 포, 강화액 등	• 금속화재용 분말 소화약제, 건조사(마른 모래)를 이용한 질식 소화
주방화재 (K급 화재)	• 주방에서 사용하는 식용유, 동물성 기름 등의 가연성 요리 재료로 인한 화재	• 분말 ABC 소화기 사용은 상황을 더 악화시킴	• 연소물 표면을 차단하는 비누화 작용 및 식용유 온도를 발화점 이하로 냉각 작용 동시 필요 • K급 주방화재 전용 소화기 사용

다음에는 더 많은 경험과 실전을 통해 도움이 되는 내용을 실어보도록 하겠다.

처음 창업을 하였을 때 막막했던 마음, 다들 잘 알고 잘하는데 나만 모르는 것 같고, 물어보기에도 미안하고 그랬던 마음이 생각나서 얕은 지식이지만 적어 보았다.

창업을 준비하는 이에게 도움이 되었다면 오늘 하루도 의미 있는 날로 기억될 것 같다.

Chapter III

상권분석

상권분석의 최종 목표는
예상 매출액을 산정하여 사업 타당성을 고려하는 것

1. 상권분석과 입지의 개념

통상 창업을 결정하고 아이템을 선정하면 상권을 고르게 된다.

보통 상권이라고 하면 점포의 세력이 미치는 범위를 뜻하는데, 상권을 생각하면 홍대 상권, 성수동 상권, 신촌 상권, 부산의 서면 상권, 춘천의 명동 상권, 광주의 충장로 상권 등 지역을 중심으로 분류한다. 그리고 그다음으로 고려하는 것이 "뜨는 상권인가?" 아니면 "지는 상권인가?"이다.

상권은 생명체와 같아서 쏠림 현상이 시작되면 강하게 나타나기 시작해, 지는 상권은 반드시 생기기 마련이며 상권 자체 오프라인의 노력보다는 외부 환경의 변화와 영향, 그리고 SNS의 영향으로 더 활성화되기도, 더 빠르게 약화되기도 한다.

때론 구시가지(도시재생사업)의 온·오프라인의 노력에도 고객의 선택을 받지 못하는 경우도 많이 발생하고 있다.

넓은 시야를 갖고 숲을 먼저 보고 나무를 보라는 말처럼, 상가를 구할 때도 동일하다.

상권은 상가 건물의 집합 범위의 '상가권'과 소비자의 범위의 '상세권' 의미의 합으로 보면 더 정확하게 이해하기 쉽다.

예전에는 '상가권' 개념으로 상권을 보았다면 지금은 '상세권'의 범위가 더해지면서 공간적 범위가 추가되며 유동적인 범위로 확대되었다. 더 추가

한다면 고객의 생활 패턴, 소비 패턴의 다양화로 시간적 범위도 매우 중요한 상권의 개념 중 하나이다.

상권(marketing area)[1]

- 점포의 세력이 미치는 범위
- 고객을 흡인할 수 있는 지리적 영역(상세권)
- 마케팅 단위로서의 공간적 범위
  (마케팅 대상 범위, 실질 구매 능력이 있는 유효수요의 분포 공간)
- 판매를 대상으로 설정한 일정 지역
- 지역 내 고객이 존재하는 시간적 공간적 범위
- 점포의 흡인력
- 매출액에 기여하는 고객이 분포하는 지역

- 장사의 7할은 상권과 입지가 결정한다

상권분석의 목적은 '예상 매출액을 추정하여 사업 타당성을 분석'하는 것이다.

내 아이템이 상권과 맞는지부터 경쟁 업체는 얼마나 되며, 대상이 프랜차이즈인지 독립점포인지 파악해 상권과 입지를 찾아가는 과정이 상권분석이다.

창업 경험과 컨설팅 사례에 비춰 반드시 먼저 해야 할 것은 '아이템 선정'이다.

---

1   김영갑,《창업성공을 위한 상권분석》, 이프레스, 2013

창업 베테랑의 경우 입지에 맞춰 아이템을 결정하는 경우도 있으나 극히 일부이며 대다수는 아이템을 선정하는 것이 더 먼저이고 중요하다.

예비 창업자 자신이 가장 잘할 수 있고, 잘 아는 아이템!

가장 잘할 수 있는 아이템이라면 '독립 창업'을 권장하고, 잘 알지 못하지만 적성에 맞고 꼭 하고 싶은 아이템이라면 '프랜차이즈 창업'을 추천한다. 독립 창업이라면 A부터 Z까지 혼자서, 때론 누군가의 도움으로 연속된 선택의 과정일 것이며 프랜차이즈 창업이라면 가맹본부의 지원을 받아 선택과 집중을 할 수 있어 부담이 적고 영업에 도움이 될 것이다.

상권을 파악하고 분석하는 일련의 과정은 예비 창업자 그 자신과 경쟁 점포, 그리고 고객을 정확히 알아가는 필수 과정이다. 이러한 상권분석을 생략한다면 오로지 '운(運)'에 맡기게 된다.

잊지 마시라. 상권분석의 목적은 결국 사업 타당성 검토라는 것을….

- 입지는 곧 점포

상권이 내가 경쟁자와 싸워야 할 전쟁터라면 입지는 내가 위치할 곳이며 창업 아이템은 무기다.

영업 전쟁터에서 고객을 내가 위치한 곳으로 오도록 해야 하는데 입지분석을 할 때 핵심키워드는 접근성과 가시성이다. 고객이 접근하기 쉽고, 눈에 띄는 점포여야 고객은 쉽게 찾아갈 것이다.

누구나 다 아는 접근성과 가시성! 누가 그것을 모를까?

1층에 있는 점포가 지하나 2층, 3층보다 접근성이 좋고, 어중간한 위치

보다는 지하철이나 버스정류장 근처가 접근성이 좋다.

그러면 6차선 이상 도로는 어떨까?

업계에서는 6차선 이상 도로를 '휴전선'이라고 부른다. 즉, 이동이 쉽지 않고 큰마음 먹어야 건너가는 휴전선 같다는 이야기로, 접근성이 떨어지고 고객 이동이 끊기는 곳이다.

그러면 2층, 3층은 무조건 피해야 한다는 것일까? 답은 '아니다'.

왜 그럴까?

그 이야기는 다음 장 '아이템과 입지' 편에서 하기로 하자.

입지분석 시 꼭 확인해야 할 '가시성'.

가시성이란 고객의 입장에서 '점포가 눈에 얼마나 잘 띄는가?'이다.

전면이 긴~ 점포가 눈에 잘 띈다. 이왕이면 코너에 있는 긴 점포라면 금상첨화다. 간판도 전면, 후면, 그리고 돌출 간판까지 할 수 있다면 더욱 좋다. 추가적으로 입지의 특성을 본다면 '인지성'과 '홍보성', 그리고 '주차 편의성' 등을 고려해 볼 수 있다.

이런 기준으로 A급지부터 C급지까지 나누며 상권 안으로 진입하는 외부 유입 인구의 정도와 수익성, 홍보성, 아이템의 특성 등을 고려하여 상권 범위를 나누어 설명할 수 있다.

C급지의 경우 규모 대비 투자비와 고정비가 낮아서 최소의 투자와 개인화된 서비스로 승부하기에 적합한 입지라고 하겠다.

유명 여배우가 했던 말 중 이런 것이 있다.

"우리가 돈이 없지 가오가 없냐?"

예비 창업자가 투자 금액이 없어 좋은 입지를 선택 못 하는 것이지, 못 보는 것은 아니다. 좋은 입지는 바닥 권리금이 있기 마련이고 영업까지 잘된다면 시설 권리금에 영업 권리금까지 더해진다.

그래서 더 많은 준비와 노력이 필요하다는 얘기다.

좋은 점포 매물을 꿰뚫어 보는 눈을 가져야 한다.

좋은 점포가 매물로 나왔는지 수시로 확인하고 상가 전문 공인중개사에게 의뢰해야 하는 이유다.

꼭 맞는 점포라면 어떻게 해서라도 저렴하게 인수를 받아야 할 것이다. 점포 양도자의 절박함에 예비 창업자의 인간적인 호소가 만난다면 권리금은 낮춰질 것이다.

가급적 협상은 전문가에게 먼저 의뢰하고 안 된다면 그때 무릎 꿇을 자세로 적극 나서라.

협상의 노하우 중 하나.

'절대 먼저 가격을 제시하지 않는다'는 것을 명심하기 바란다.

입지(location) = 점포[2]

- 상품과 고객이 만나는 장소 또는 위치
- 점포의 대지나 점포가 소재하는 위치적 조건
- 점포의 매출을 결정하는 요인 (매출의 하한선과 상한선을 결정함)
- 세계의 단 하나뿐인 독점성

오프라인과 온라인에서 사업자가 판매하려는 서비스와 상품이 고객과 만나는 위치적 조건

---

2   김영갑, 《창업성공을 위한 상권분석》, 이프레스, 2013

- 피해야 할 입지

❶ 상가의 연속성이 끊어지는 점포
  • 외식업종 밀집 지역에 기술형 점포(카센터, 철물점)가 있는 경우와 고객의 유입성이 현저히 낮아지는 상권의 끝부분.
❷ 건물주가 유사업종에 종사하는 경우
  • 건물주의 직업과 자녀 등 가족관계도 중요한 부분이다. 임차인의 유·무형의 노력으로 이룬 영업 성과를 보고 임대인의 미취업 자녀에게 점포를 주기 위해 불합리한 방법으로 내쫓은 법적 분쟁 사례가 많음.
❸ 임대료가 주변 시세에 비해 너무 저렴하거나 권리금이 없는 경우
  • 건물 하자 또는 근저당 등 법적 문제(경·공매)가 예상된다.
❹ 동일업종의 큰 점포 옆 또는 건너편에 작은 점포로 창업하는 경우
❺ 대형빌딩 또는 집합건물의 특수 목적 내 미분양 상가
❻ 교통량이 많고 속도가 빠른 도로변
❼ 제삼자 입장에서 찾기 힘든 위치
  • 위치 설명하기 어려운 곳
❽ 계단이 많은 식당은 불리하다.

상권분석 VS 입지분석

상권분석은 프랜차이즈 본사 또는 정부기관/민간기관의 분석 결과를 참조하고, 입지는 직접 보고, 듣고, 느끼며 찾는 것이 더 중요하다.

다툼의 여지가 있을 수 있으나 입지분석이 더 중요하다.

상권/입지분석은 손과 발과 입으로 한다.

• 손 – 빅데이터를 이용한 자료 분석

• 발 – 분석한 자료 기반, 직접 걸어 보고 확인

• 입 – 관심 점포에 대한 주변 탐문(질문)

2. 아이템과 상권의 상관관계

창업 아이템은 예비 창업자 자신의 경험과 주변환경 등을 고려하여 선택한다. 아이템에 대한 준비 정도와 능력에 따라 독립 창업이거나 프랜차이즈 창업으로 나뉘게 된다.

우리나라에 상권은 어떻게 분류되고 있을까?

법적 및 행정 분류에 상권 분류의 기준은 없으나 상권 분류를 주 업으로 하는 프랜차이즈 업계의 분류를 따르기로 하겠다.

한국 시장에서 프랜차이즈 대형 일반 상권은 120여 개가 있다.

통상, 언론사나 프랜차이즈협회는 '대한민국 100대 상권'이라고 발표하고 상가권의 월매출액에 대해 나름의 기준을 제시하고 있다.

대형상권의 특성은 유명 밀집 번화가로 서울의 명동, 신촌, 홍대, 강남역, 인천 주안역, 광주 상무지구, 부산의 서면, 남포동 등이다.

대형상권은 유동 인구가 많아서 사업의 성공 가능성은 다소 높을 수 있으나, 경쟁 점포의 과도한 입점으로 출혈 경쟁과 권리금, 보증금, 임차료가 높아서 수익성을 보장하지는 않는다.

대기업에서 플래그샵(홍보 목적)이나 안테나샵(테스트 매장)이 적자를 감수하면서 출점하는 경우가 많다.

경험이 부족하고 소자본 창업이라면 경쟁 수준이 다소 낮고 고정비용을 절약할 수 있는 중형 또는 소형 상권을 추천한다.

대형상권의 고객은 그 지역 사람들이 아니다. 지역을 초월하여 고객층이 형성된다.

중형상권은 가장 분석하기 어렵고 다루기 까다로운 상권이다.

이런 중형상권에 입점해야 생존 가능한 브랜드(아이템)은 따로 있다. 주 고객층은 인근 지역 또는 근처 직장인들로 이루어져 있는 상권으로, 유동 고객층과 고정 고객층으로 나뉘는데 우리나라에서는 250여 개 내외의 상권이 있다.

중형상권은 지역 번화가 상권을 말하며, 구매 주기가 길지 않고 대중화된 아이템을 특정 타깃으로 하여 대부분 중가 또는 중저가의 아이템이 입점한다.

소형상권은 우리가 사는 동네마다 상권이 형성되어 있다. 주 고객이 고정 고객들 위주로 형성되는 상권으로 우리나라에는 1,000여 개 상권이 있다.

아이템은 우리가 아파트 주변에서 흔히 볼 수 있는 구매 주기가 짧은 아이템으로, 매우 대중화된 치킨이나 피자처럼 특별한 타깃 구분이 없는 중저가 아이템들이다.

상권분석이 어렵지 않고 마케팅을 실현하기 좋은 상권이다.

상권과 아이템의 상관관계를 보면,

❶ 구매 주기

❷ 고객층

❸ 가격

위 세 가지로 고려하여 내가 결정한 아이템을 상권에 입점해야 한다. 예를 들어, 일본 라멘을 아이템으로 결정했다면 대형상권에 입점해야 하고 마케팅의 범위도 광범위하게 실시해야 하므로 독립 브랜드보다는 프랜차이즈 브랜드가 더 수월할 것이다.

일본 라멘이 아파트 소형상권에 입점하면 구매 주기와 고객층에 맞지 않아 실패할 것을 예상할 수 있다.

다른 측면에서 꼬치구이 같은 주점 아이템은 소형상권에 알맞지만, 대형상권에서도 유동 인구를 대상으로 영업하기에 문제는 되지 않는다. '새마을식당' 같은 육류 아이템도 대형상권과 중형상권에서 충분히 안정적인 영업을 할 수 있다.

이처럼 아이템과 상권과의 상관관계를 잘 파악해서 아이템을 결정하고, 상권을 파악하는 것이 성공하는 창업의 기본이다.

■ 상권과 아이템의 상관관계

구분	아이템의 특성	아이템
대형상권	1. 구매 주기가 긴 아이템 (외식업 기준 1~2개월) 2. 고객층이 일반인이지만 대중화되지 않은 특수 계층 3. 국내 수요가 적어 이제 막 시작하는 아이템 4. High-End-Market(고급 시장) 아이템	패밀리레스토랑 외국 패스트푸드 인도 음식 일본 라멘
중형상권	1. 구매 주기가 길지 않은 아이템(1~2개월에 1~2회 이상 정도) 2. 최소한 특정 타깃(대학생, 주부, 일반인) 중 하나라도 대중화 3. 고가보다는 중/중저가 아이템	설빙, 맥도날드, 다이소, 던킨도너츠
소형상권	1. 구매 주기가 짧은 아이템(일주일에 1~2회) 2. 매우 대중화된 아이템 3. 대부분 중저가 아이템	치킨, 투다리, 편의점, 김가네, 파리바게뜨

프랜차이즈 창업을 고려하신다면 매장이 큰 프랜차이즈가 대형 프랜차이즈, 매장이 작은 프랜차이즈가 소형 프랜차이즈가 아니다.

대형상권에 입점해야 생존하는 게 대형 프랜차이즈이고, 중형상권에 입점해야 생존하는 게 중형 프랜차이즈, 소형상권에 입점해야 생존하는 게 소형 프랜차이즈다.

예비 창업자가 선택한 아이템이 대, 중, 소형 프랜차이즈에 해당하는지 알고 해당 상권을 분석하는 것이 생존을 높이는 방법이다.

3. 아이템에 따라 입지 전략이 달라진다

- 무조건 1층이 좋을까?

점포 창업은 '목'이 중요하다고 이야기한다. 분명 맞는 말이지만 절대적 기준도 아니라는 것을 알아야 한다.

잘 안 보이는 뒷골목에 숨어 있는 음식점에 고객이 꽉 차 있는 모습을 볼 때가 있다. 유튜브 숏츠나 인스타그램 맛집, 블로그를 통해 입지의 불리함을 극복하고 대박을 내는 창업자를 쉽게 볼 수 있기에 입지는 분명 성공의 절대 수치는 아니라는 것이다.

목이 좋지 않아도 성공할 수 있는 매장의 특성은 무엇일까?

우리는 먼저 창업 아이템이 '목적구매형 업종'인가 '충동구매형 업종'인가를 파악해야 한다.

고객이 구매하려는 상품과 서비스가 상권이나 점포를 찾아가야 하는 의원, 유명 맛집, 학원이라면 목적구매형 업종이다.

반면에 순간적인 구매 욕구로 상품과 서비스를 구매한다면 충동구매형 업종이다. 예를 들어 액세서리 전문점, 편의점, 김밥, 저가형 의류 등이다.

창입 아이템이 목적구매형인지 충동구매형인지에 따라 점포의 입지가 달라진다. 충동구매형 아이템이라면 고객이 순간적으로 사고 싶다, 먹고 싶다는 생각이 들도록 눈에 잘 띄는 1층 점포에 입점해야 한다. 불경기일수록 1층과 '잘되는 상권'에 점포 수요가 집중되고 수요, 공급에 의거 임대료는 상승하게 된다.

유명 맛집을 찾아가기 위해 내비게이션, 네이버 지도를 검색해서 차량을 이용해 이동하고 걸어서 맛집을 찾아간다면 충동구매형 아이템일까? 그렇다. 접근성은 분명 떨어질 수 있으나, 2층, 3층이 절대 망하는 자리는 아니라는 것이다.

SNS가 활발하고 익숙한 세대는 누구일까?

단순히 '20, 30대'라고 얘기하면 부족한 답이다. 이제는 전 세대라고 해야 한다.

목이 좋지 않아도 성공할 수 있는 매장의 특성은 지역 내 고정 고객 중심의 매장이다. 유동 고객보다 압도적으로 단골 고객이 많은 매장이다. 고객 중 일부는 목적구매형으로 맛집을 찾은 고객이 있겠지만 다수는 인근 지역 주민이다.

또 하나는 매장 머무는 시간이 길다는 것이다. 고깃집이나 술집 등 1시간 이상 머무는 경우인데, 그 시간에 서비스가 고객을 더 만족시키는 경우다.

우리가 단골 술집을 찾는 이유는 무엇일까?

친절하고 푸짐하며 손맛 좋은 안주, 가격까지 착한 곳이 동네에 있다면, 대학로에 있다면, 오피스 상권에 자리한다면 고객은 선택 장애를 겪지 않고 직행할 것이다.

고정 고객을 대상으로 머무는 시간이 긴 아이템이 지역 상권에 입점한다면 점포의 위치는 절대 기준이 되지 않는다는 것이다.

놓치지 말아야 할 사항은 바로 매장의 경쟁력이다. 고객이 다시 오고 싶은 매장을 만드는 능력이 절대 조건이다.

매장 경쟁력이 확보되고 자신 있다면 다음은 'LSM 마케팅'이다.

서울 도봉구에서 1등 맛집은 어렵지만, 그 동네에서 1등 하기는 훨씬 수월하다.

동네 1등을 위한 마케팅 방법도 더 구체적이고 실행 가능한 방안이 많으며 비용도 절감되며 효과는 더 늘어난다.

다음은 반대로 목이 좋아야 성공할 수 있는 매장의 특성은 무엇일까?

우선 매장에 머무는 시간이 짧은 아이템이다. 올리브영, 악세서리 매장, 편의점 등 매장에서 머무는 시간이 10분 내외인 아이템으로, 도보로 5~10분 이내 거리에 고민이 크게 필요하지 않고 신속한 구매 결정을 하는 편의성 아이템은 목이 중요하다.

추가한다면 유동 고객 중심의 매장들이다. 눈에 띄는 대로 들어가는 매장으로 지하철역, 정류장 등 사람이 많이 다니는 통로에 위치하여야 한다. 한 가지 더 고려한다면 걸음 속도이다.

지하철 환승역에서 이동 통로에 위치한 매장을 보면 쉽게 이해할 것이다. 환승을 목적으로 빠른 걸음을 재촉하는 일명 '흐르는 통로'에 위치한다면 효과는 반감할 것이다.

충동구매형 아이템은 SNS 마케팅보다는 외부에 더 잘 보이는 간판, 배너, POP가 더 중요한 마케팅 방안이 될 것이다.

이와 같이 아이템의 특성에 따라 점포의 위치는 달라진다.

4. 예상 매출액을 추정하고
사업 타당성을 결정하라

- 일 매출 200만 원이라는데 진짜일까?

상권분석의 최종 목적은 예상 매출액을 추정하는 것이다.

예상 매출액을 산정해야 손익분기점과 영업이익을 추정할 수 있고 사업의 타당성을 검토할 수 있다.

프랜차이즈 창업의 경우 「가맹사업거래의 공정화에 관한 법률」 제9조제5항에 중소기업자가 아닌 가맹본부이거나 직전 사업연도 말 기준 가맹점 100개 이상 가맹본부는 예상 매출액의 범위 및 산출 근거를 서면으로 제공하게 되어 있다.

프랜차이즈 가맹점 창업의 경우 예상 매출액 산정서를 요구해서 사업의 타당성을 검토할 수 있다. 직전 사업연도 말 기준 가맹점이 100개 이상이 아니더라도, 또는 신생 가맹본부더라도 예상 매출액 산정서를 요구해라. 제공 의무가 없다고 통지하는 가맹본부이거나 못 하겠다는 가맹본부는 피하는 것이 좋다. 가맹본부의 시스템이 갖춰지지 않았다는 방증이기 때문이다.

가맹본부에서 산출하는 예상 매출액은 객관적인 데이터를 기반으로 산출한다. 객관적인 데이터 근거는 점포 예정지 해당 특별시, 광역시, 도에 가장 인접한 가맹점 5개 중 직전 사업연도 매출 환산액이 가장 작은 가맹점과 가장 큰 가맹점을 제외한 3개 가맹점의 매출 환산액 중 최저액과 최고액으로 범위를 갈음할 수 있다.

일 매출 = 고객 수 × 고객단가

객관성을 최대한 확보하기 위하여 예비 창업자도 가맹본부의 예상 매출액 산출 방법을 최대한 적용하는 것이 가장 객관적이라 판단한다. 예상 매출액을 정확히 산출한다는 것은 너무나 어렵고 책임지고 싶지 않은 힘든 일이다.

그러나, 반드시 거쳐야 하는 과정이다.

만일 창업할 아이템이 해당 상권 내 존재한다면 반드시 경쟁 업체를 정확하게 알아야 한다. 경쟁 업체의 일 매출 또는 월 매출을 파악하였다면 예상 매출액은 수월하게 파악할 수 있다.

경쟁 업체를 두 명 정도 같이 방문해서 직접 시식하고 판정해 보라. 자신을 포함해 세 명이 먹은 가격을 생각하고 결제 후 영수증을 확인해 보면 일부 포스사의 영수증에는 넘버링이 표기되어 있어 자신이 몇 번째 손님인지 파악된다.

가급적 마지막 손님으로 결제하면 하루 매출을 더 쉽게 판단할 수 있다. 계산한 테이블 가격은 테이블단가가 되고, 3으로 나누면 고객단가가 되는 것이다.

일부 프랜차이즈는 매출을 숨기기 위해 영수증 번호를 변경하기도 한다.

이후 경쟁 업체를 관찰해 고객 몇 명이 출입하고 몇 팀이 착석했는지 파악되면 일 매출 파악이 가능하고 월 매출 파악도 가능하다.

경쟁점에 대해서 매출액, 면적, 예정지 점포와의 거리, 메뉴 구성, 위치 등을 전반적으로 조사해야 하며, 장단점을 분석하고 대책을 사업계획서에 포함하여야 한다.

일부 도소매점(마트)에서는 고객단가를 산출하기 위해 상권의 소득지수 (0.9/1/1.1)에 매장 면적에 따른 고객단가를 곱하여 산출하기도 한다.

내점률은 고객이 일주일에 점포에 방문하는 횟수를 말하는데, 일주일에 적으면 1회, 많으면 2회 정도 방문한다. 필자가 오뚜기 영업 관리를 담당하던 시절 마트의 내점률은 일주일에 1.5회 정도로 산출했었다. 점포 면적이 클수록 고객단가는 상승하기에 경쟁 점포의 면적당 매출을 나의 점포 면적에 적용하면 예상 매출액을 크로스체크할 수 있다.

대형, 중형상권이 아닌 소형상권, 즉 동네상권이라면 점포 예정지 500m 내 주거 인구를 소상공인시장진흥공단의 상권정보시스템 또는 공공데이터 포털에서 해당 지역의 통별 세대수를 정보 공개를 통해서 파악할 수 있다.

- 포스 월 매출 5,000만 원이라는데 진짜일까?

예비 창업자와 창업 상담을 하다 보면 그분에게 맞는 창업 방법을 고려하게 된다.

창업의 방법에는 독립 창업, 프랜차이즈 가맹점 창업, 인수 창업, 기술 창업 등 여러 방법이 있는데 준비가 부족한 예비 창업자에게 안정된 매장을 인수하는 인수 창업을 권하는 경우가 있다.

인수받으려는 매장이 독립 브랜드이거나 프랜차이즈 가맹점일 경우가 대부분이다.

매장 인수 결정에 가장 중요한 사항이 무엇일까?

여러 사항들 중 가장 중요한 건 두 가지다. 브랜드의 성장 가능성과 매출이다. 아이템 또는 브랜드는 도입기, 성장기, 성숙기, 쇠퇴기로 주기를 갖는다. 성장기이거나 성숙기(초기)라면 인수 대상이 될 수 있고 매출까지 확실하다면 적극적인 자세로 전환된다.

그런데 과연 매출을 어디까지 믿어야 할까?

많은 예비 창업자들이 속고 눈물 흘리는 부분이 매출이다. 화려한 언변으로 초보 예비 창업자의 정신을 안드로메다로 보내는 점주를 만나면 슬픔은 시작된다.

포스 매출은 절대 믿지 않는다. 충분히 조작이 가능하고, 조작한다. 최근 판례에 점포 양도자가 포스 매출을 허위로 조작하여 양도·양수하여, 양수자가 사기로 신고하고 법적 분쟁이 된 사례를 보면 양수자가 입증하기 어려워 처벌하기 어려운 판례가 있으니 포스 매출은 믿지 않는 것이 옳다.

그러면 무엇이 있을까?

바로 '부가가치세 과세표준증명원' 3년 치를 요청해서 받아 보면 정확하다. 증빙 자료는 홈텍스에서 바로 출력이 가능하기에 번거롭다거나 시간이 없다는 변명은 예비 창업자를 기만하는 것으로, 분명 매출 공개를 거부하는 것이다.

통상 업계에서는 현금 매출을 조금 축소하여 신고하는 것이 관행이기에 믿을 수 있는 근거다.

물론 부가가치세 신고 시 매출을 업(UP) 해서 허위 신고한다면 어찌하겠는가? 직접 인수 점포를 예의주시하여 예상 매출액을 확인해 보는 것이 위험을 줄이는 방법일 것이다.

권리계약서를 작성한 다음 제시하려는 경우가 있으니 이 점 주의해야 한다.

마케팅과 서비스 둘 다 중요하다. 그러나 더 중요한 것은 무엇일까?

예비 창업자는 어떤 생각을 가지고 있을까?

서비스 품질은 통제가 어렵다. 그래서 적극적인 통제가 필요하다.

고객 만족과 재구매 의사에 영향을 주기 때문에 마케팅보다는 표준화된 서비스 제공이 경쟁력과 사업 성과에 미치는 영향은 너무 크다. 서비스가 잘 이뤄진다면 마케팅의 효과는 극대화될 것이다.

반대로 마케팅이 잘되어 손님이 웨이팅이 걸리고 매출은 올라도 서비스가 준비되지 않고 엉망이 된다면 뒷감당은 어찌 되겠는가?

'오픈빨'이라고 표현되는, 다시는 오지 않을 고객을 맞이하는 것으로 끝난다.

- 손익분석의 결과는?

예비 창업자 자신이 좋아하고, 잘하는 아이템을 맛있게 만들어서 특정 점포에서 영업할 경우 수익이 얼마나 나는지 판단하고 출점 여부를 결정하는 과정이 상권분석의 최종 목적이다.

예상 매출을 추정해서 수익이 나면 출점을 하고, 수익이 나지 않는다면 제외시킨다. 만약 수익이 다소 아쉽다면 마케팅 계획을 더 정교하게 수립하여 매출을 증대시킨다고 가정하면 출점도 고려해 볼 것이다.

대다수의 예비 창업자들이 사업 타당성 검토를 생략한다.

창업 투자 비용을 회수하는 데 얼마나 걸릴 것인가?

목표로 하는 수익을 위해서는 얼마의 매출이 발생해야 하는가?

손익분기점은 얼마인가?

손익분기점을 낮추려면 무엇을 조정해야 하는가?

■ 사업타당성분석을 위한 추정 손익계산서

항목	내용
매출액 ❶	• 월 매출액은 영업 가능 일수를 감안하여 산출
매출원가 (원재료 비율) ❷	• 메뉴 제조에 소요되는 재료(용기 포함) 원가 • 원재료 비용, 채소류, 소스류, 공산품 등 • 통상 매출 원가율은 차이가 있음 　– 프랜차이즈 패스트푸드의 경우 45~50%, 카페의 경우 35% 　– 일반음식점 40~45% 등 차이가 있음
매출 총이익 (공헌이익) ❸	매출액에서 매출원가를 차감한 금액 (❶ – ❷)
판매비 및 관리비 ❹	• 영업이나 관리에 소요된 모든 비용은 판매비와 관리비 • 임차료, 인건비, 감가상각비, 광고홍보비, 수도세, 전기세, 가스료, 통신료(유·무선전화/인터넷), 소모품비, 화재보험료, 직원 4대 보험료, 세금, 각종 수수료(배달) • 카드 수수료 비용(통상 약 2.35%) 포함 • 부가가치세 (매출액의 약 5%로 가정)
영업이익 ❺	매출이익 – 판매비 및 관리비 (❸ – ❹)
영업외수익 ❻	• 영업 활동 이외의 수익으로 이자수익 등이 해당
영업외비용 ❼	• 차입금액에 대한 이자비용
세전이익 (경상이익) ❽	영업이익 + 영업외수익 – 영업외비용 (❺ + ❻ – ❼)
소득세 ❾	• 법인은 법인세, 개인은 종합소득세
당기순이익	세전이익(경상이익) – 소득세 (❽ – ❾)
사업 타당성 판단	• 손익분기점 분석을 위해 모든 비용은 고정비와 변동비로 구분 • 투자 대비 창업자의 목표수익률을 초과하면 양호 　(월 경상이익이 투자 대비 3~4% 수준이면 양호) • 수익성을 충분히 조사하여 손익분기점을 낮출 방안 도출 • 고정비를 낮추는 노력

■ 타당성분석을 위한 수익성 분석(투자 수익률 분석)

구분		금액(만 원)	기타
투자비	권리금		
	보증금		
	시설비		
	예비비		
	합계 ❶		
수익성	예상 매출액		
	식재료비		
	인건비		
	임차료		
	관리비, 부가세		
	영업이익 ❷		
투자 수익률 (%)			영업이익/투자비 × 100 (❷/❶ × 100)

```
수익률 극대화를 위한 마케팅 계획 수립
마케팅 7P 믹스
```

상권분석 프로세스

5. 빅데이터 상권분석시스템 활용하기

- 손으로 하는 상권분석

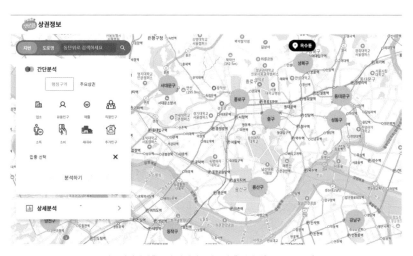

소상공인시장진흥공단 상권정보시스템 홈페이지(sg.sbiz.or.kr)

　쉽게 상권분석을 할 수 있게 만든 소상공인시장진흥공단의 상권정보시
스템은 많은 이들이 사용하고 있으며 창업에 관한 상세 분석 내용이 포함
되어 큰 도움이 되는 사이트이다.

　지원 내용을 간략히 요약하면
- 간단분석: 선택 행정동, 주요 상권 및 업종에 대한 추정 매출, 업소 수, 유동 인

구, 직장 인구, 주거 인구, 소득 소비, 세대수 등 정보 제공

• 상세분석: 선택 영역에 대한 요약, 업종분석, 매출분석, 인구분석, 지역 현황 정보 제공

• 입지 업종분석

  ‣ 입지 현황: 반경 200m 내 입지들의 업소 수, 매출 건수, 유동 인구 정보

  ‣ 입지 유형: 선택 입지의 업종 구성별, 토지 유형별, 고객 구성별 정보

  ‣ 매출 예측: 15개 주요 업종에 대해 유사 입지 기반 매출 예측 정보

  ‣ 업종 추천: 업종·지역별 성공 가능성이 높은 업종을 추천

• 수익분석: 목표 매출 및 구객수, 유사한 입지·업종의 수익분석 정보 제공

• 경쟁분석: 업소별 경쟁 영역 내 거래 건수를 기반으로 경쟁 수준 평가

해당 사이트 우측 상단의 사용자 가이드에서 상권분석 매뉴얼을 다운로드 받거나 홍보 및 설명에서 영상을 시청하면 수월하게 상권분석을 할 수 있다.

우측 메뉴바에 '창업가 진단' 설문이 있으니 자가 진단하여 부족한 부분을 챙길 수 있다.

서울시 상권분석서비스(golmok.seoul.go.kr)

서울시 상권분석 서비스는 2015년 12월 영세 사업자와 예비 창업자들을 위한 정보 지원 목적으로 개설되었다.

지금은 서울시의 다양한 상권분석을 도와주는 사이트로, 100개의 생활 밀접 업종을 선별하여 업종별 다양한 정보를 상권 단위로 제공하고 있다. 특히 뜨는 상권은 점포 수, 매출, 유동 인구, 거주 인구순 TOP 10을 전 분기 기준으로 선정해 줘 창업자의 상권분석에 큰 힘이 되고 있다.

빅데이터는 사전 조사나 현장 조사를 효율적으로 하기 위해 참고하는 자료다. 자료를 현장 조사에서 확인하는 자세가 필요하다.

다양한 상권분석시스템이 있으나, 부탁드리는 말씀은 반드시 발로 상권을 거닐고 입으로 확인하라는 말씀을 드리고 싶다.

상권분석을 상권분석시스템과 같은 통계적 방법만을 사용한다거나 전문가 1인의 진단에 의존하는 것을 피해야 한다.

자체 조사를 위한 현황 조사법이나 체크 리스트법, 인터뷰 등 다양한 방법을 통해 검증된 예상 매출액을 산정하여 사업 타당성 검토가 이루어져야 한다.

예비 창업자의 심리는 매우 불안하면서 격동적이다.

"보고 싶은 것만 보려 하고, 듣고 싶은 말만 들으려 한다."

그래서 제3의 눈이 필요하다.

Chapter IV

프랜차이즈란

1. 프랜차이즈란 무엇인가

- 법률상 정의

우리는 보통 프랜차이즈와 가맹사업이라는 단어를 혼재하여 사용한다. 실생활에서 둘 사이를 구분하는 것은 큰 의미는 없지만, 가맹사업이 조금 더 범위가 넓은 용어이다. 하지만, 프랜차이즈에 대해서는 「가맹사업거래의 공정화에 관한 법률」이 적용되므로 프랜차이즈라는 용어 대신 가맹사업이라는 용어를 사용하고자 한다.

「가맹사업거래의 공정화에 관한 법률(이하 "가맹사업법"이라 한다)」 제1장제2조에 따른 정의는 다음과 같다.

"가맹사업"이라 함은 가맹본부가 가맹점사업자로 하여금 자기의 상표·서비스표·상호·간판 그 밖의 영업표지(이하 "영업표지"라 한다)를 사용하여 일정한 품질기준이나 영업방식에 따라 상품(원재료 및 부재료를 포함한다. 이하 같다) 또는 용역을 판매하도록 함과 아울러 이에 따른 경영 및 영업활동 등에 대한 지원 · 교육과 통제를 하며, 가맹점사업자는 영업표지의 사용과 경영 및 영업활동 등에 대한 지원 · 교육의 대가로 가맹본부에 가맹금을 지급하는 계속적인 거래관계를 말한다.

즉, 가맹본부와 가맹점사업자(이하 "가맹점주"라 한다) 상호 간에 주고받는 것들에 대한 내용을 규정하고 있는 것으로 보인다. 가맹본부는 가맹점주가 영업을 할 수 있도록 상표나 레시피, 노하우 등을 제공하여 경험이 없는 가맹점주가 영업을 시작하는 데 도움을 주는 대신 가맹점주는 그 비용을 지불하면 되는 내용이다. 다만, 상대적으로 정보가 적고 경험이 적은 가맹점주를 보호하는 방향으로 법률이 지속적으로 개정되고 있는 상황이다.

- 우리가 생각하는 가맹사업

서비스업의 비중이 높은 관계로 주위에 많은 창업자들이 있고, 그 중 상당수는 가맹점을 운영하는 경우를 보게 된다. 각종 매체를 통해 가맹점을 시작했더니 일 매출이 몇백만 원이 나온다는 광고를 많이 접한다. 또한, 업종만 가맹사업으로 바꿨는데 매출이 몇 배로 뛰어올랐다는 내용도 흔하게 볼 수 있다. 허위 과장인 경우도 가끔 있겠지만 대부분의 매출은 사실일 것이다.

위에 이야기한 가맹사업법에서는 허위 과장 광고에 대해 5년 이하의 징역 또는 3억 원 이하의 벌금이라는 벌칙을 두고 있고, 민사적으로 손해배상에 대한 책임이 뒤따르기 때문이다.

하지만, 한 가지 확실한 점은 있다. 가맹본부가 광고하는 그 매출을 내기 위한 매장의 위치, 종업원의 수, 임대료 등은 당장 내가 구하고자 하는 매장과는 확연한 차이가 있다는 것이다. 인테리어로 5억 원을 투자해서 나오는 매출과 5천만 원을 투자해서 나오는 매출은 같을 수가 없는 이유이다.

이런 이유로, 실제 가맹점 상담을 하면서 내가 개업하고자 하는 매장에 대한 예상 매출액 산정서를 받게 되고(전년도 말 기준 100개 이상의 가맹점을 보유하고 있는 가맹본부 혹은 대기업 가맹본부의 경우에 한함), 이는 상권의 성격이나 매장 규모, 유동 인구, 상권 내 경쟁 관계 등에 대한 내용을 반영한 수치가 된다.

2. 가맹사업의 연혁

- 가맹사업의 시작

프랜차이즈 방식은 1800년대 후반, 미국의 싱거사(Singer Corporation)가 재봉틀 기계 판매를 위한 사업을 확장하기 위해 지역별 판매 사원을 모집한 후, 가맹비를 받고 판매 권한을 제공하였던 데서 시작하였다고 한다. 프랜차이즈라는 단어에 항상 따라다니는 맥도날드의 경우 1948년 단순화된 시스템을 도입하고, 1955년 '1호점' 이후 현재 전 세계에 40,000여 개의 매장이 운영 중이다.

- 국내 가맹사업의 시작

우리나라에서는 1977년 림스치킨이 최초의 프랜차이즈라고 한다.

가맹사업은 표준화(Standardization), 단순화(simplicity), 전문화(Specialization), 지원 구조(Support system) 등의 특징이 있으며, 1979년 일본 롯데리아와의 기술 제휴를 통해 국내에 도입된 롯데리아가 프랜차이즈 사업 모델을 본격적으로 시작한 사례로 간주된다.

- 국내 가맹사업의 추이

국내 프랜차이즈 역사는 해외에 비해 80여 년이나 늦게 시작되었으나, 자영업자의 비중이 20%가 넘으며, 이는 일본의 2배가 넘고 미국과 비교하면 3배가 넘는 수준이다.

공정거래위원회 등록 기준으로, 2023년 말 9,000여 개의 프랜차이즈 가맹본부가 있고 가맹본부들이 운영하는 브랜드의 숫자는 13,000여 개에 달하며, 가맹점의 숫자는 350,000개 점을 넘어섰을 만큼 성장 속도가 빠른 상황이다.

프랜차이즈업 종사자 수가 100만 명이 넘을 정도로 국내에서 프랜차이즈가 급속히 발전하고 있는 이유는 무엇일까?

자영업자의 수가 많아질수록 생존 확률이 낮아지며, 조금이라도 생존 확률이 높은 프랜차이즈로 눈을 돌리게 된다고 이해할 수 있을 것이다.

3. 가맹본부와 가맹점주들은
같은 곳을 바라보고 있는가

- 가맹본부의 역할

　가맹사업법에서는 가맹본부의 준수 사항을 다음과 같이 명시하고 있다. 그와 관련하여, 가맹점주가 되고자 하는 가맹 희망자들에게 아래 사항이 확인 가능한 정보공개서를 제공할 의무가 있다.

　가맹금을 받는 조건으로 가맹점주들을 위한 활동들이다. 품질 관리와 판매 기법을 위해 노력하고, 합리적 가격으로 상품이나 용역 등을 공급하고 경영이나 영업 활동에 대한 지속적인 조언과 지원을 해야 한다. 또한 7가지의 준수 사항 외에 가맹사업법은 대부분이 가맹본부의 의무에 대한 조항들로 구성되어 있다.

❶ 가맹사업의 성공을 위한 사업 구상
❷ 상품이나 용역의 품질 관리와 판매 기법의 개발을 위한 계속적인 노력
❸ 가맹점사업자에 대하여 합리적 가격과 비용에 의한 점포 설비의 설치, 상품 또는 용역 등의 공급
❹ 가맹점사업자와 그 직원에 대한 교육·훈련
❺ 가맹점사업자의 경영·영업 활동에 대한 지속적인 조언과 지원

❻ 가맹계약 기간 중 가맹점사업자의 영업 지역 안에서 자기의 직영점을 설치하거나 가맹점사업자와 유사한 업종의 가맹점을 설치하는 행위의 금지

❼ 가맹점사업자와의 대화와 협상을 통한 분쟁 해결 노력

여기에서 한 가지 고민해 봐야 할 사항이 있다. 전년도 말 기준 가맹점 수가 100개가 넘는 본부는 예상 매출액 산정서를 가맹점주에 제공할 의무가 있다고 하였다. 창업을 준비하는 분들에게 가장 필요한 건 높은 매출액일지 적합한 영업이익일지 고민해 볼 필요가 있지 않을까?

- 가맹본부의 수익 구조

2024년 현재 운영 중인 치킨 가맹본부 A를 예로 들어서 생각해 보자.

'나'는 직장생활을 하다가 본의 아니게 퇴직을 하게 되었고, 몇천만 원의 퇴직금과 아내가 준비해 놓은 노후 자금을 합하여 작은 가게를 내 보려고 한다. 가게를 운영해 본 경험이 없기에 큰 고민 없이 프랜차이즈 치킨집을 선택하기로 했다. 주위에서 하는 말이 최소한 프랜차이즈는 망하지는 않을 것이라는 의견이 다수였고, 나 또한 A라는 치킨을 몇 번 시켜서 먹어 봤더니 맛도 괜찮았고, 그 작은 매장에서의 월 매출이 내 연봉과 비슷한 수준으로 나오는 것을 확인했으니까.

A 가맹본부는 최소한 1년 이상 1곳 이상의 직영점을 운영해 왔을 것이다. 2021년 변경된 가맹사업법에 따라 가맹본부가 브랜드를 런칭하기 위해서

는 위의 조건을 갖추어야 한다. 아무런 노하우도 없이 트렌드를 따라 가맹점주에게 피해를 줄 수 있는 가상의 가맹본부의 출현을 막기 위한 조치이다.

A 가맹본부는 가맹점 모집을 위해 상표를 출원하고, 가맹사업을 위해 정보공개서와 가맹 계약서를 공정거래위원회에 등록했을 것이다. 그리고, 가맹점 모집을 위해 여러 가지 홍보를 했을 것이고 필요한 경우 영업 사원도 고용했을 것이다. 가맹점에 물품을 공급하기 위해 닭부터 양념, 파우더, 포장재까지 공급 시스템을 준비해 왔을 것이다. 인테리어의 방향성도 생각해야 하고, 같은 치킨이라고 하여도 자기 브랜드만의 특성을 만들기 위한 레시피 및 교육 자료를 만들어야 했을 것이다.

즉, A 가맹본부는 가맹사업을 위해 많은 투자를 진행했을 것이며, 결국은 가맹점주로부터 일정액을 받거나 일정 비율을 받는 로열티로 그간의 투자 부분을 회수하고 수익을 창출하여야 한다. 가맹점주들과 매출액에 대한 약속을 해 놓았기에 슈퍼바이저를 통해 가맹점을 관리하기도 하고 가맹점이 가맹본부의 브랜드에 대한 충실한 약속 이행이 되고 있는지 관리도 해오고 있다는 것이다.

가맹본부는 가맹점주가 영업을 시작하고 나면 두 가지 정도의 부분에서 수익을 창출할 수 있다.

하나는 매월 일정액 혹은 일정 비율의 로열티를 가맹점주로부터 받는 것이다. 다른 하나는, 공급하는 물품들의 공급가액에서의 차익을 보는 것이다 (매장 오픈 시에 들어가는 간판, 인테리어, 집기, 설비 등의 내용은 별도로 다루는 것으로 한다).

치킨 가맹점의 공급 물품을 생각해 보면 육계나 순살, 치킨 파우더, 치킨무, 각종 양념, 튀김유, 포장재 등일 것이다. 공급가액에는 생닭을 염지하고, 절단하고, 소분해서 포장하고, 운반하는 비용이 포함될 것이고, 필자의 의견과는 다르지만 견해에 따라서는 가맹본부가 폭리를 취한 것으로 여겨질 수도 있다.

즉, 가맹본부는 닭이 많이 팔리기를 바랄 수밖에 없는 구조이다. 많은 매출은 규모의 경제를 가지고 와서 가맹본부가 닭 공급업체와의 교섭에서 유리한 조건을 가지고 매입 단가를 낮출 수가 있다. 닭이 많이 팔리는 경우 치킨 파우더, 치킨무, 포장재 등도 함께 많이 소비되니 본부 입장에서의 매출과 이익은 늘어나는 구조이다. 가맹본부가 매출에 신경을 쓰는 이유이다.

순위	키워드	브랜드 개수
4	여성	203
5	다점포	133
6	은퇴	85
7	시니어	41

마이프차 제공 2023 Korea Franchise Report, 가맹본부에서 희망하는 가맹점주는 청년이 가장 높다.
이는 가장 열정적으로 영업을 하여 본부의 매출에 기여하기를 바란다는 의미가 아닐까 한다.

- 가맹점주의 애환

가맹점주의 입장에서 본다면 매출액이 중요할까, 매출을 통한 영업이익이 중요할까? 물론, 매출액이 늘어나면서 영업이익이 함께 늘어날 것이지만 매출액은 늘어나는데 이익이 늘지를 않는다는 이야기를 많이 듣는다.

나는 하루 12시간을 영업하면서 치킨을 튀겨 낸다. 물론 12시간 영업을 하고 나서 매장 청소나 집기 등의 청소에 아무리 적어도 2시간 이상은 소요된다.

종업원을 사용하면 되겠지만, 이 역시 영업이익에 영향을 미치는 요소라 직접 청소한다. 다른 가맹점주도 스스로 하는 경우가 많을 것이다. 이런저런 곳으로 지출을 하면 하루 14시간에서 16시간을 일하며 정말 열심히 일하고 많은 치킨을 튀겼는데 정작 내가 가져가는 돈은 얼마 되지 않는다는 이야기라는 것이다.

요즘 가장 큰 이슈는 배달비와 인건비 상승이다. 가맹본부의 영업 방침을 따라가야 하니, 배달을 하지 않을 수도 없다. 처음 매장을 오픈할 때부터 영업 구조가 '치킨은 배달'이라는 컨셉으로 정해져 있었기에 홀에서 손님을 받기가 쉽지 않다.

옆집 꼬치구이집 사장은 나보다 일하는 시간도 짧고 손님도 많지 않아 보이는데 일교 보니 나보나 너 수입이 많은 경우도 있다. 이제 슬슬 회의감이 들지만, 가맹계약 기간도 남아 있고 계약서를 검토해 보니 위약금도 있다고 한다. 배달 매출이 좀 줄더라도 홀에서 생맥주에 치킨을 먹는 손님들이 많았으면 하는 상상을 하게 된다. 죽으라고 치킨을 튀겨서 본부 좋은 일만 시키는 거 아닌가 하는 푸념이 나올 수도 있다. 생맥주 두 잔만 팔면, 치킨 한 마리 튀겨서 얻는 영업이익보다 더 많이 남는 것처럼 보이기 때문이다.

이 시점에서는 괜히 가맹점을 했다는 생각이 든다. 겨우 먹고 살 정도면 뭐 하러 이 고생을 해야 하나 후회스럽다. 하지만, 가맹점 창업이라는 선택이 잘못이었을까? 창업에 대한 준비가 부족했었다면 가맹점 창업이 유일한 답이었을 것이다.

첫 창업이란, 첫사랑과 같이 성공할 확률이 높지 않다. 창업이란 정말 낯선 전쟁터이다. 내가 갖지 못한 수년간의 노하우와 경험, 그리고 성공 사례를 가맹금과 로열티를 지급하고 받는 사업 행위이며, 내가 할 수 없는 닭 손질부터 메뉴 개발까지의 전 과정을 얻는 대가로 공급받는 물품의 가격에 그만큼의 수고비를 지급하는 사업 행위가 가맹사업이기 때문이다.

나의 경우에 가맹점 창업이 옳았을까 아니면 일반 창업을 했어야 했을까?

4. 가맹점 창업의 장점

- 본부가 주는 혜택

A 치킨 가맹점을 운영하는 나는 실제로 매장을 운영해 본 경험이 없다. 더구나, 가게를 하면 전단지도 돌려야 하고, 메뉴 개발도 해야 한다는데 나는 그럴 자신이 없다. 한 가지 잘하는 게 있다면 학교 다닐 때나 회사 다닐 때 누군가의 지시를 잘 이행하였고 선생님이 시키는 과제는 제법 잘했다는 칭찬을 받곤 했다. 그래서 창업도 가맹본부가 지시한 대로만 하면 되는 가맹사업을 시작하기로 했던 것이다.

즉, 가맹본부는 내가 지급하는 로열티, 그리고 물류 수수료나 공급물품에 대한 차액(가맹사업법에서는 이를 차액가맹금이라고 하고, 이에 대한 공개를 하도록 되어 있다)을 받고 내가 준비했어야 할 그 많은 준비 과정을 대행해 준 것이나 다름없다.

어느 뉴스 기사에서 보니, 프랜차이즈 창업을 한 경우는 일반창업을 한 경우보다 5년 내에 폐업할 확률이 3분의 1밖에 안 된다고 한다. 내 소중한 창업 자금이 날아갈 위험이 3분의 1이라는 뜻이다.

나는 아파트 엘리베이터에 전단지를 붙이고 다닐 자신이 없다. 사람들이 알아볼까 봐서 무섭다. 그런데 가맹본부는 필요한 경우 홍보, 판촉 행사까지 알아서 해 준다고 한다. 사실, 전단지를 붙이려면 용역을 줘서 해야 하는데 그 또한 비용이 만만치 않다는 것 또한 사실이다.

- 소비자가 느끼는 안정감

A 치킨 가맹점을 시작할 때 그다지 위치가 좋지 않고 배달 중심이라 홀에 테이블도 다섯 개밖에 안 되었지만 정말 장사가 잘되었다. A 치킨을 다른 동네에서 혹은 어떤 기회로 먹어 본 사람들이 우리 동네에도 생겼다고 와 준 것이다.

물론 나는 약 일주일간 치킨을 튀기는 방법을 배운 것뿐이지만 치킨 맛집이라며 칭찬해 주는 손님들도 많아서 뿌듯하기도 했다.

직장만 다닌 줄 알았더니 언제 이렇게 요리를 배웠냐는 장난말에도 기분이 좋다. 나는 아침에 일찍 일어나서 장을 보지도 않고, 정해진 시간에 나와서 청소를 하고 있으면 물류 트럭이 와서 주문한 수량만큼을 냉장고에 넣어 주고 간다. 어떻게 홍보를 할까 고민할 필요도 없다. 적당한 시점에 적당한 홍보물을 제공해 주고 손님들이 신메뉴를 원할 때쯤엔 새로운 메뉴가 나온다. 물론 모든 게 비용을 지불해야 하는 것들이지만, 내가 직접 신경 쓸 필요가 없다는 것, 그건 정말 편리한 상황이니까.

가맹사업의 장점 중 하나는 소비자가 안정감을 느끼고 다가온다는 것이다. 최소한 기본은 한다는 의식이 깔려 있다. 더구나, 새로 생긴 치킨집은 기름도 깨끗할 것이고 튀김기나 모든 것들이 새것이라 더 나을 것 같다는 생각을 하는 것 같다. 내가 홍보한 적도 없는데 내가 오픈하는 가게를 다들 알고 있다니 이건 정말 가맹사업의 가장 큰 장점이 아닐까?

5. 가맹점 창업의 단점

- 매출액인가 수익률인가?

위에서 기술한 바와 같이, 가맹본부는 매출액이 늘어야 수익이 창출되는 구조로 설계되어 있다. 가맹점주인 나의 입장에서는 매출이 좀 적어도 집에 가져갈 수익이 높으면 좋겠는데 지속적으로 매출을 올리는 방안만 제시해 주고 있다.

나랑 같이 퇴직하여 다른 가맹점을 운영하고 있는 동료의 경우를 살펴보니 거기도 비슷한 상황이었다. 배달 전문점은 아니지만 식사 메뉴가 주력인 동료의 매장은 동시에 몰리는 손님을 받기 위해 굉장히 좋은 위치에 넓은 매장을 추천받았었다. 매장이 크고, 손님이 동시에 몰리니 종업원의 숫자가 굉장히 많았다. 그 넓은 홀을 부지런히 뛰어다니면서 서빙을 하고 있는 동료를 보니 대단하다는 생각이 들었고, 그냥 눈으로 봐도 어마어마한 매출을 올리고 있는 것 같아 부러웠다.

현실은 어땠을까?

가맹사업의 특성에 따른 상대적으로 높은 재료비, 식사 시간 손님을 한번에 받기 위한 매장의 조건에 따른 높은 임대료, 그리고 많은 종업원에게 나가는 인건비가 부담이 된다고 한다. 매출은 높은데 여기저기 들어가는 돈이 많아 수익이 높지는 않다고 한다. 영업은 유지가 되는데 만족도는 낮다는 것, 그게 나와 내 동료와 같은 업종의 가맹점주들의 애환이 아닐까?

- 유행에 따라갈 수 있는가?

치킨이나 제빵, 떡볶이 등 분식은 유행을 타지 않는 종류라고 한다. 나 역시 유행을 타지 않는 업종을 택하는 것이 그나마 안정적인 삶을 유지할 수 있을 것이라 판단했다.

생각해 보니, 유행했던 가맹점 유형들이 제각각인 것 같다. 예전 회사 앞에서 수입 소고기 갈빗살을 자주 먹을 때 수입 소고기 프랜차이즈가 유행이었던 것 같다. 그리고, 회식할 때 자주 가던 허름한 건물의 2층의 갈매기살 전문점도, 차돌박이 전문점도 기억이 난다. 전통의 닭발 전문점도 있었던 것 같고 뉴스에서 봤던 무슨 카스텔라도 프랜차이즈가 급속히 생겼던 것 같고, 어느 순간 없어졌던 것 같다. 요즘은 냉동 대패 삼겹살집이 많이 생기는 것 같고, 학교 근처나 번화가 쪽에 보면 세련된 간판의 떡볶이집들이 많다. 먹자골목을 시장 조사 차원에서 가 보면 없던 마라탕집이 생겨 있고, 저가의 한식뷔페가 여기저기 들어서고 있다. 작년까지 엄청 많던 탕후루집도 몇 개는 없어진 것 같지만 아직도 영업을 하고 있다.

1위		순위	브랜드명
메가엠지씨커피	MEGA COFFEE	4	빽다방빵연구소
		5	역전할머니맥주1982
2위		6	인생맥주
컴포즈커피	COMPOSE COFFEE	7	교촌치킨
		8	SG무인셀프아이스크림할인점
3위		9	이디야커피
달콤왕가탕후루	BALKOM	10	커피에반하다

마이프차 제공 2023 Korea Franchise Report, 가장 많이 검색한 브랜드 Top 10을 보면,
2023년에 탕후루의 열풍이 얼마나 거셌는지를 확인할 수 있다.

가맹본부들은 어떤 기준으로 가맹사업을 하는 걸까? 가맹본부도 유행이 있는 걸까?

가맹본부들은 브랜드 개발을 위해 정말 많은 노력을 한다. 물론, 어떤 아이템을 만드는 경우 그 시점에서 낮은 재료비로 경쟁력 있는 상품을 개발하는 노력들이다. 누가 쳐다보지 않는, 그래서 낮은 원가로 공급할 수 있는 아이템을 개발한다는 것은 대단한 일이다. 하지만, 그 후 무서운 결과들이 기다리고 있는 점 또한 무시할 수 없는 상황이다.

수요가 많아지면 가격이 올라간다는 기본적인 수요와 공급의 법칙이 가맹사업에는 숨어서 기다리고 있다는 뜻이다. 다시 말하면, 가맹사업 초기 낮은 원가로 인해 좋았던 수익률은 가맹본부의 증가, 가맹점의 증가로 인해 원가가 상승되고 결국은 수익률의 하락으로 이어진다는 뜻이다.

지금 중국에서 커피 시장이 커지고 있다고 한다. 그렇지 않아도, 생두의 가격이 올라가고 있는 시점에서 15억 인구의 중국인이 커피를 마시는 경우

수요는 급격히 늘어나고 이는 추가적인 생두 가격의 상승으로 이어지지 않을까 생각이 든다. 결국 커피 가격의 상승으로 이어질 것인데, 가맹점주들의 수익의 하락으로 이어지지 않게 되길 바랄 뿐이다.

수입 소고기가 정말 저렴하던 때, 돼지족이 정말 저렴하던 때에 관련된 가맹본부는 수없이 많이 생겨났었고 수요와 공급의 원칙에 따라 원재료의 가격이 상승하면서 가맹점은 물론 일반 창업을 한 족발집이나 수입 소고깃집들의 수익률이 낮아졌던 과거가 있다. 그 시점에서 가맹본부는 다른 아이템을 개발하게 될 것이고, 이런 방식으로 가맹점이 떴다가 지는 경우가 많은 것은 분명한 사실이다.

- 불길처럼 빠른 경쟁 속도

A 치킨집을 열심히 운영하고 있는 나는 동네 손님들에게 혹은 배달 손님들에게 많은 찬사를 받고 있다. 보다 친절하게 대하고, 낮은 마진에도 불구하고 서비스로 감자튀김을 제공하고 있으며 음식 솜씨가 좋은 아내는 5개밖에 안 되는 테이블에서 맥주를 마시는 손님들을 위해 처가에서 공수해 온 각종 해산물로 서비스 안주를 제공하고 있다. 가끔 슈퍼바이저가 와서 주의를 주곤 하지만, 돈을 받는 게 아니니 품질에 신경을 쓰라고 할 뿐이다. 이렇게 맛집이라고들 하는데, 왜 매출이 많이 늘거나 맛집이라고 하면서 다른 동네에서 오지 않을까 고민도 된다.

그러나 가맹사업의 성격을 이해하면 충분히 이해가 된다. 가맹사업은 전국 맛집을 노리는 구조가 아니기 때문이다. 가맹점들은 비슷한 레피시를 가지고 바로 옆 동네에서도 영업을 하고 있다. 정보공개서를 보면 A 치킨 가맹본부는 내 가게에서 직경에서 300미터 이내에 다른 가맹점이나 직영점을 내지 않는다고 하고 있다. 즉, 바로 옆 동네에는 내가 튀기는 치킨과 동일한 맛의 치킨을 얼마든지 먹을 수 있다는 뜻이기도 하다.

회사에 다닐 당시 OO비어라는 스몰비어가 유행인 적이 있었다. OO싸롱이라는 간판도 많이 본 것 같다. 그야말로 회사 앞 상당수의 맥줏집들은 스몰비어로 가득 찼다고 해도 과언이 아니었다. 어디가 원조인지도 모를 만큼 빠르게 번졌지만, 장사가 잘되는 가게는 몇 개에 불과했고 나중에 알아보니 장사가 잘되는 집 한두 개가 원조에 가까운 집이었다.

세상에 모든 걸 창조적으로 해야 하는 아이템은 그다지 많지가 않다. 또한, '미투'로 밀고 나오는 가맹본부들이 기회를 놓칠 리가 없다. 최근 유행하는 1,900원짜리 생맥줏집을 보면 인스타그램과 블로그 광고를 그야말로 어마어마하게 하고 있다. 소비자들이 비싼 술값에 불만을 느낀다는 점을 반영한 창업 추세라고 이해할 수 있다. 물론 초반에는 이렇게 유행하는 가맹점의 단점보다는 장점이 눈에 보이기 마련이다. 전술했듯, 이 창업 시장에서 소비자들의 불만을 잠재울 아이템을 개발하여 나왔기에 우선은 장점이 보이는 것이다. 결국, 소비자들의 비싼 주류에 대한 불만을 해결하는 아이템은 급속히 번질 것이고 결과는 두고 봐야 할 일이다.

다만, 동네마다 하나씩은 꼭 있는 5년도, 10년도 넘은 꼬치구이집들을 보면 뭔가 드는 생각이 있다. 10평짜리 가게 한 칸에서 주방 공간을 제외하고도 8개 이상의 테이블을 만들어서 홀 손님을 받으면서 아르바이트생도 없이 혼자서 영업이 가능한, 약간은 쾌쾌하고 인테리어도 보잘것없는 이 가게들은 어떻게 살아남았을까 하는 점이다.

꼭 유행을 타는 아이템을 선정하는 것이 답일까 하는 생각이 든다. 나는 A 치킨 본부가 업계에서 10위권은 한다는 이유로, 오래되었지만 아직도 가맹점들이 꽤 많이 있다는 건 경쟁력이 있을 것이라는 이유로 의심 없이 선택하였다. 그럼, 가맹점을 운영하려고 할 때 어떤 기준을 가지고 본부를 선택하는 것이 좋을까?

6. 가맹본부 선택 방법

- 아이템 선정

어느 업종이건 창업은 유사한 과정을 거치게 되어 있다. 아이템이 없는 경우는 아이템을 찾아야 하고, 아이템을 찾을 때는 나의 상황을 고려하여야 한다. 아이템을 정하고 난 후 비로소 경우의 수를 적용하며 창업을 준비하는 과정이 아닌가 한다.

가맹창업을 할까 일반창업을 할까는 나의 경험 여부와 직결이 된다. 내가 겪고 경험에서 지녔어야 할 노하우와 기술을 불과 두어 달 만에 내게 안겨 주는 가맹창업은 시간 단축 면에서 굉장한 메리트가 있다. 어느 매장에서 해야 하는지도 알려 주고, 경우에 따라 이미 확보된 매장도 연결해 준다. 회사 다니면서 한 번도 안 해 본 세무 업무도 본부에서 다 해 준다고 하니, 이보다 좋은 창업 조건도 없다고 생각을 한다.

창업을 할 때 전기나 수도나 가스 등, 각종 인허가가 있다는 이야기를 듣고 나면, 정말 포기하고 싶은 생각이 드는 사람이 많다고 한다. 가맹창업은 이런 고민조차도 할 필요가 없으니 이 얼마나 매력적인가?(가맹창업을 권장하는 것이 아님은 전체적인 맥락에서 이해가 가능할 것으로 믿는다)

가맹본부는 매출액을 중시한다고 기술한 바 있다. 따라서, 아이템에 따라서는 매장을 구하는 데 굉장히 많은 비용이 들기도 하며, 배달만 전문으로 하는 아이템의 경우 그 반대이다. 배달의 경우 일반적으로 매출액 대비 마진이 낮기 때문에 육체적으로 힘이 들게 마련이며, 나의 경우 체력이라거나 삶의 방향성도 미리 고민을 할 필요가 있다.

먹고 살기 바쁜데 삶의 방향성이나 여유 시간, 건강 등을 고민할 겨를이 있겠느냐는 지적을 하지만, 창업 후의 삶은 직장인의 삶과는 매우 다르다는 점을 알고 시작하는 것을 추천한다.

내가 가진 자본금, 내가 가진 체력, 나를 도와줄 정말 의지할 수 있는 사람, 내가 한 달에 꼭 벌어야 하는 금액 등 창업 전략을 짜는 데의 가장 기본은 나를 잘 이해하는 것이기 때문이다. 나를 잘 이해한 상태에서 아이템을 정했다면, 그리고 그 아이템이 가맹점을 내는 것이 유리하다고 판단되는 경우라면 이제는 가맹본부를 선택하는 방법을 알아봐야 한다.

- 공정거래위원회 가맹사업 거래 활용

인터넷 검색창에 '공정거래위원회 가맹사업'을 입력하여 접속하면, 대한민국 공정거래위원회에 가맹사업을 영위하는 모든 가맹본부의 현황을 검색할 수가 있다.
가맹본부 이름으로도, 브랜드 이름으로도 모두 검색이 가능하다. 다만, 현재는 지역별로 어떤 가맹본부가 있는지를 바로 찾을 수는 없으며, 가맹점주나 가맹 희망자를 위하여 지역별 가맹본부를 검색하는 기능을 추가해 주기를 바랄 뿐이다.

이곳에서 정보공개서 중 일부를 다운로드하여 볼 수 있다. 다음은 정보 공개서에 필수적으로 기재하여야 하는 항목이다. 단순한 매출액 비교보다는 면적당 매출액을, 지역별 매출액을 검토하여 내가 창업하고자 하는 지역에서의 경쟁력을 살펴보아야 하고, 가맹점들의 증감 역시 주의하여 보아야 한다. 우수한 가맹본부의 프랜차이즈 사업이라면 갑작스럽게 가맹점들이 줄어들 이유가 없고, 반대로 역량이 부족한 가맹본부의 경우 가맹점이 꾸준하게 늘어나는 경우도 없을 테니까 말이다.

[정보공개서 필수 기재 사항]
- 가맹본부의 일반 현황 (대표자 정보나 본부의 기본적인 정보)
- 가맹본부의 가맹사업 현황 (매출 등 가맹본부의 사업의 내용에 대한 정보)
- 가맹본부와 그 임원의 법 위반 사항 등 (가맹본부 대표의 한 번의 실수가 사업의 성패에 큰 영향을 주는 것이 사실이다)
- 가맹점 운영 중 부담 (로열티라든가 하는 부분을 확인)
- 영업 활동에 관한 조건과 제한 (영업시간 등에 대한 내용을 담고 있으며, 전술한 삶의 방향성에 영향을 주는 요소들을 확인)
- 영업 개시에 관한 절차와 소요 기간 등
- 가맹본부의 지원, 교육 및 훈련에 관한 설명
- 직영점 현황

반드시 사전에 정보공개서를 비교 검토하여 후보군을 정한 후, 가맹본부에 문의해야 한다. 문의를 하는 순간, 가맹 희망자라는 지위로서 정보공개서를 요구하여 상세한 내용을 확인할 수가 있다. 이 쉬운 비교 과정을 하지 않아 창업 후 분쟁이 일어난 경우를 가맹거래사의 직무를 수행하며 많이 보아 왔다.

 대기업의 직장인으로서, 중소기업의 관리자로서, 10여 년 창업자로서, 가맹거래사라는 전문자격사로서, 정부 지원 사업을 시행하는 기관의 담당자로서 수많은 창업자를 보아 왔고, 성공과 실패를 지켜보아 왔다. 그 과정에서 얻은 가장 커다란 교훈은 '공부는 엉덩이로 하고, 창업은 발로 한다'이다. 부지런히 뛰고, 많이 알아보고 창업을 시작하여야 한다. 가맹창업이건 개인적인 창업이건, 많은 돈을 가지고 투자하는 창업이건 생계형 창업이건 어느 방향에서건 발로 뛰며 준비를 해야 한다는 점은 그냥 당연하지만 실제 잘 지켜지지 않는 영역인 것 같다.

Chapter V

창업자가 알아야 할
기본 절차 및 관련 법령

1. 창업 절차 및 필수 관련 법령

- 창업하기

코로나 이후 국제적으로 러시아와 우크라이나 전쟁, 이스라엘과 팔레스타인 분쟁 등 중동 국가 간의 무력 충돌 등으로 국제 유가가 폭등하고 밀가루 등 다양한 원재료 물가의 고공 행진이 계속되는 상황이다. 거기에 국내 정치 또한 불안정하여 고물가, 고금리, 장기 불황이 계속됨으로써 젊은이들의 취업 시장은 좁아지고 최근 평균 수명이 길어지면서 급여생활자들의 은퇴 시기가 앞당겨져, 청년들이나 은퇴자들의 재취업 및 창업은 선택이 아닌 필수처럼 여겨지고 있다.

이처럼 취업 및 재취업이 어려워진 상황에서 창업 시장의 열기는 어느 때보다 뜨겁게 달아오르고 있으며 이들이 가장 많이 도전하고 있는 창업 분야는 단연 소규모 외식 창업이다.

특히 청년 창업자들의 소자본 창업이나 은퇴자들의 퇴직금을 기반으로 한 창업은 규모를 늘려 위험 부담을 늘리기보다는 소규모 매장에서 많지는 않아도 안정적인 매출을 올릴 수 있는 아이템을 선호하는 현상의 결과다.

창업자들은 이와 같은 창업 과정에서 아이템을 선정한 후 상권분석에 따른 상가를 임대차하고 사업자를 개설하여 등록 절차 등을 거쳐야 하는데, 이에 따른 절차상 관련 법령들의 다양한 요건들로 인해 많은 어려움을 겪게 된다.

따라서 본서를 통해 이런 어려움이 조금이나마 해소될 수 있길 바라며 이에 관한 창업 절차 및 관련 법령 들을 살펴보기로 한다.

1) 개인사업자 아니면 법인사업자?

창업을 고민하면서 처음 접하게 되는 것이 사업자를 개인사업자로 할지 아니면 법인사업자로 할 것인가다.

'개인사업자'란 등록된 대표자가 경영의 모든 책임을 지는 사업자를 말하며, '법인사업자'란 기업이 완전한 법인격을 가지고 스스로 권리와 의무의 주체가 되어 기업의 소유자로부터 분리되어 영속성을 존재할 수 있는 기업 형태를 말한다.

따라서 개입사업자는 법인사업자와 달리 기업을 설립하는 데 「상법」에 따른 별도의 회사 설립 절차가 필요하지 않아 그 절차가 간편하고, 휴·폐업이 비교적 쉽다. 그리고 개인사업자는 기업이 완전한 법인격이 없으므로 소유와 경영이 소유자에게 종속하게 된다.

이와 같은 개인사업자와 법인사업자의 개념을 기준으로 창업 절차 상 장단점을 살펴보면 아래와 같다.

2) 개인사업자와 법인사업자의 각 창업 절차 등 비교

구분	개인사업자	법인사업자
창업 절차	→ 관할 관청에 인·허가(필요한 경우)를 신청 → 세무서에 사업자등록 신청	→ 법원에 설립등기 신청 → 세무서에 사업자등록 신청
자금 조달	→ 사업주 1인의 자본과 노동력	→ 주주를 통한 자금 조달
사업 책임	→ 사업상 발생하는 모든 문제를 사업주가 책임	→ 법인의 주주는 출자한 지분 한도 내에서만 책임
해당 과세	→ 사업주: 종합소득세 과세	→ 법인: 법인세 → 대표자: 근로소득세(배당을 받을 경우에는 배당소득세) → 일반적으로 소득금액이 커질수록 법인에 유리

3) 개인사업자와 법인사업자 각 창업에 따른 장단점 비교

구분	개인사업자	법인사업자
장점	→ 창업 비용과 창업 자금이 적게 소요되어 소자본을 가진 창업도 가능 → 기업활동이 자유롭고, 신속한 계획 수립 및 변경이 가능 → 일정 규모 이상으로는 성장하지 않는 중소 규모의 사업에 적합 → 인적조직체로서 제조 방법, 자금 운용상의 비밀 유지가 가능	→ 대외 공신력과 신용도가 높기 때문에 영업 수행과 관공서, 금융기관 등과의 거래에 있어서도 유리 → 주식회사는 신주 발행 및 회사채 발행 등을 통한 다수인으로부터 자본 조달이 용이 → 일정 규모 이상으로 성장 가능한 유망 사업의 경우에 적합
단점	→ 대표자는 채무자에 대하여 무한책임을 짐. 대표자가 바뀌는 경우에는 폐업을 하고, 신규로 사업자등록을 해야 하므로 기업의 계속성이 단절됨 → 사업 양도 시에는 양도된 영업권 또는 부동산에 대하여 높은 양도소득세가 부과됨	→ 설립 절차가 복잡하고 일정 규모 이상의 자본금이 있어야 설립 가능 → 대표자가 기업 자금을 개인 용도로 사용하면 회사는 대표자로부터 이자를 받아야 하는 등 세제상의 불이익이 있음

〈출처: 중소벤처기업부, 온라인법인설립시스템(www.startbiz.go.kr)참조〉

- 사업의 인허가

개인사업자로 창업을 하려는 자는 대부분의 업종에 대해서 특별한 규제나 제한 없이 사업을 영위할 수 있으나, 특정한 업종의 경우에는 관계 법령에 따라 사업 개시 전에 행정관청으로부터 사업에 관한 허가를 받아야 하거나 행정관청에 등록 또는 신고를 마쳐야 하는 경우가 있다.

• 예: 폐기물처리업을 하려는 자는 규제 「폐기물관리법」 제25조에 따라 환경부장관 또는 시·도지사의 허가를 받아야 하는 경우

창업하는 업종에 대한 사업허가·등록·신고 사항의 점검은 업종 선정 과정과 함께 창업 절차에 있어서 우선적으로 검토해야 할 사항이다. 왜냐하면, 인허가 업종으로서 사업 허가나 등록·신고 등을 하지 않고 사업을 하게 되면 불법이 되어 행정관청으로부터 사업장 폐쇄, 과태료, 벌금 등의 불이익 처분을 받게 될 뿐만 아니라, 세무서에 사업자등록을 신청할 때도 사업허가증이나 사업등록증 또는 신고필증을 첨부하지 않으면 사업자등록증을 받을 수 없기 때문이다.

- 사업자등록

1) 사업장단위 등록

사업자는 사업장마다 다음의 서류를 사업개시일부터 20일 이내에 사업장 관할 세무서장에게 제출하여 사업자등록을 신청해야 한다. 다만, 신규로 사업을 시작하려는 자는 사업개시일 전이라도 사업자등록을 신청할 수

있다(「부가가치세법」 제8조제1항, 「부가가치세법 시행령」 제11조제1항, 「부가가치세법 시행규칙」 제9조제2항, 별지 제4호서식).

2) 사업자단위 등록

사업장단위 등록에도 불구하고 둘 이상의 사업장이 있는 사업자(사업장이 하나이나 추가로 사업장을 개설하려는 사업자를 포함함)는 사업자 단위로 해당 사업자의 본점 또는 주사무소("이하 사업장단위과세적용사업장"이라 함)에 대하여 다음의 서류를 관할 세무서장에게 제출하여 사업자등록을 신청할 수 있다(「부가가치세법」 제8조제3항, 「부가가치세법 시행령」 제11조제2항, 「부가가치세법 시행규칙」 제9조제2항 및 별지 제4호서식).

위의 사업장단위 등록 시 필요 서류와 동일한 서류(「부가가치세법」 제8조제1항, 「부가가치세법 시행령」 제11조제3항·제4항, 「부가가치세법 시행규칙」 제9조제3항, 별지 제6호서식 및 별지 제7호서식)

「소득세법」에 따라서도 사업자등록을 해야 하나, 「부가가치세법」에 따라 사업자등록을 하는 경우 「소득세법」에 따라 사업자등록을 한 것으로 보게 되므로, 별도로 「소득세법」에 따른 사업자등록은 하지 않아도 된다(「소득세법」 제168조제2항).

3) 사업자등록신청서

다음 구분에 따른 서류(「부가가치세법」 제8조제1항, 「부가가치세법 시행령」 제11조제3항·제4항, 「부가가치세법 시행규칙」 제9조제3항, 별지 제6호서식 및 별지 제7호서식)를 참조하여 진행하도록 하자.

구분	첨부서류	비고
1. 법령에 따라 허가를 받거나 등록 또는 신고를 해야 하는 사업의 경우	사업허가증 사본, 사업등록증 사본 또는 신고확인증 사본 ※ 법인 설립 등기 전인 경우에는 사업허가신청서 사본, 사업등록신청서 사본, 사업신고서 사본 또는 사업계획서로 대신할 수 있음	
2. 사업장을 임차한 경우	임대차계약서 사본	상가임대차보호법
3. 「상가건물 임대차보호법」 제2조제1항에 따른 상가건물의 일부분만 임차한 경우	해당 부분의 도면	
4. 「조세특례제한법」 제106조의3제1항에 따른 금지금 도매 및 소매업	사업자금 명세 또는 재무 상황 등을 확인할 수 있는 서류로서 기획재정부령으로 정하는 서류(자금출처명세서)	「조세특례제한법」 제106조의3제1항
5. 「개별소비세법」 제1조제4항에 따른 과세유흥장소에서 영업을 경영하는 경우	사업자금 명세 또는 재무 상황 등을 확인할 수 있는 서류로서 기획재정부령으로 정하는 서류(자금출처명세서)	「개별소비세법」 제1조제4항
6. 「부가가치세법」 제8조제3항부터 제5항까지에 따라 사업자 단위로 등록하려는 사업자	사업자단위과세 적용 사업장 외의 사업장에 대한 위의 서류 및 소재지·업태·종목 등이 적힌 기획재정부령으로 정하는 서류(사업자등록증)	「부가가치세법」 제8조제3항부터 제5항
7. 액체연료 및 관련제품 도매업, 기체연료 및 관련제품 도매업, 차량용 주유소 운영업, 차량용 가스 충전업, 가정용 액체연료 소매업과 가정용 가스연료 소매업	사업자금 명세 또는 재무 상황 등을 확인할 수 있는 서류로서 기획재정부령으로 정하는 서류(자금출처명세서)	
8. 재생용 재료 수집 및 판매업	사업자금 명세 또는 재무 상황 등을 확인할 수 있는 서류로서 기획재정부령으로 정하는 서류(자금출처명세서)	

사업자등록을 신청하려는 사업자가 미성년자인 경우에는 기획재정부령으로 정하는 법정대리인 동의서를 추가로 첨부하여야 한다(「부가가치세법 시행령」 제11조제3항).

신규로 사업을 시작하려는 사업자가 사업의 신고 전에 사업자등록을 신청하는 경우에는 해당 법인의 설립등기 전 또는 사업의 허가·등록이나 신고 전에 사업자등록을 할 때에는 법인 설립을 위한 사업허가신청서 사본, 사업등록신청서 사본, 사업신고서 사본 또는 사업계획서로 위 1.의 첨부서류를 대신할 수 있다(「부가가치세법」 제8조제1항 단서 및 「부가가치세법 시행령」 제11조제4항).

4) 부가가치세법 및 시행령, 관련 서식

부가가치세법

[시행 2024. 1. 1.] [법률 제19931호, 2023. 12. 31., 일부개정]

제1조(목적) 이 법은 부가가치세의 과세(課稅) 요건 및 절차를 규정함으로써 부가가치세의 공정한 과세, 납세의무의 적정한 이행 확보 및 재정수입의 원활한 조달에 이바지함을 목적으로 한다.

제8조(사업자등록) ① 사업자는 사업장마다 대통령령으로 정하는 바에 따라 사업 개시일부터 20일 이내에 사업장 관할 세무서장에게 사업자등록을 신청하여야 한다. 다만, 신규로 사업을 시작하려는 자는 사업 개시일 이전이라도 사업자등록을 신청할 수 있다.

③ 제1항에도 불구하고 사업장이 둘 이상인 사업자(사업장이 하나이나 추가로 사업장을 개설하려는 사업자를 포함한다)는 사업자 단위로 해당 사업자의 본점 또는 주사무소 관할 세무서장에게 등록을 신청할 수 있다. 이 경우 등록한 사업자를 사업자 단

위 과세 사업자라 한다. 〈개정 2018. 12. 31.〉

④ 제1항에 따라 사업장 단위로 등록한 사업자가 제3항에 따라 사업자 단위 과세 사업자로 변경하려면 사업자 단위 과세 사업자로 적용받으려는 과세기간 개시 20일 전까지 사업자의 본점 또는 주사무소 관할 세무서장에게 변경등록을 신청하여야 한다. 사업자 단위 과세 사업자가 사업장 단위로 등록을 하려는 경우에도 또한 같다.

⑤ 제4항 전단에도 불구하고 사업장이 하나인 사업자가 추가로 사업장을 개설하면서 추가 사업장의 사업 개시일이 속하는 과세기간부터 사업자 단위 과세 사업자로 적용받으려는 경우에는 추가 사업장의 사업 개시일부터 20일 이내(추가 사업장의 사업 개시일이 속하는 과세기간 이내로 한정한다)에 사업자의 본점 또는 주사무소 관할 세무서장에게 변경등록을 신청하여야 한다. 〈신설 2018. 12. 31.〉

부가가치세법 시행령

[시행 2025. 1. 1.] [대통령령 제34270호, 2024. 2. 29., 일부개정]

제11조(사업자등록 신청과 사업자등록증 발급) ① 법 제8조제1항에 따라 사업자 등록을 하려는 사업자는 사업장마다 다음 각 호의 사항을 적은 사업자등록 신청서를 관할 세무서장이나 그 밖에 신청인의 편의에 따라 선택한 세무서장에게 제출(국세정보통신망에 의한 제출을 포함한다)해야 한다. 〈개정 2021. 2. 17.〉

1. 사업자의 인적사항

2. 사업자등록 신청 사유

3. 사업 개시 연월일 또는 사업장 설치 착수 연월일

4. 그 밖의 참고 사항

② 제1항에도 불구하고 법 제8조제3항부터 제5항까지의 규정에 따라 사업자 단위 과세 사업자로 등록을 신청하려는 사업자는 본점 또는 주사무소(이하 "사업자 단위 과세 적용 사업장"이라 한다)에 대하여 제1항 각 호의 사항을 적은 사업자 등록신청서를 사업자 단위 과세 적용 사업장 관할 세무서장에게 제출하여야 한다. 〈개정

2019. 2. 12.〉

③ 제1항과 제2항의 신청서에는 다음 표의 구분에 따른 서류를 첨부하여야 하며, 제1항과 제2항에 따른 사업자등록을 신청하려는 사업자가 미성년자인 경우에는 기획재정부령으로 정하는 법정대리인 동의서를 추가로 첨부하여야 한다.〈개정 2014. 2. 21., 2019. 2. 12., 2024. 2. 29.〉

④ 법 제8조제1항 단서의 경우 해당 법인의 설립등기 전 또는 사업의 허가·등록이나 신고 전에 사업자등록을 할 때에는 법인 설립을 위한 사업허가신청서 사본, 사업등록신청서 사본, 사업신고서 사본 또는 사업계획서로 제3항의 표 제1호의 서류를 대신할 수 있다.

부가가치세법 시행규칙

[시행 2024. 7. 1.] [기획재정부령 제1055호, 2024. 3. 22., 일부개정]

제9조(사업자등록 신청서와 사업자등록증 등)

② 영 제11조제2항에 따른 사업자등록 신청서는 다음 각 호의 구분에 따른 서식과 같다. 이 경우 사업자등록을 신청할 때 별지 제4호서식 부표 2(개인사업자용) 또는 별지 제4호서식 부표 3(법인사업자용)에 따른 사업자 단위 과세 사업자의 종된 사업장 명세서를 함께 제출하여야 한다.〈개정 2014. 3. 14., 2018. 3. 19., 2019. 3. 20.〉

1. 「부가가치세법」(이하 "법"이라 한다) 제8조제3항에 따른 사업자 단위 과세 사업자(이하 "사업자 단위 과세 사업자"라 한다)로 같은 항에 따라 사업자등록을 신청하는 경우: 별지 제4호서식. 이 경우 제1항제1호 각 목의 어느 하나에 해당하는 경우에는 사업자등록을 신청할 때 별지 제4호서식 부표 1의 공동사업자 명세 또는 서류를 송달받을 장소를 추가로 적어 제출하여야 한다.

2. 법 제8조제4항 및 제5항에 따라 사업자 단위 과세 사업자로 변경하기 위하여 사업자등록을 신청하는 경우: 별지 제5호서식

③ 영 제11조제3항 표 외의 부분에서 "기획재정부령으로 정하는 법정대리인 동

의서"란 별지 제5호의2서식의 법정대리인 동의서를 말하며, 같은 항 표 제4호·제5호·제7호 및 제8호에서 "기획재정부령으로 정하는 서류"란 별지 제6호서식의 자금출처명세서를 말한다. 〈개정 2014. 3. 14., 2024. 3. 22.〉

④ 영 제11조제5항에 따른 사업자등록증은 다음 각 호의 구분에 따른 서식과 같다. 이 경우 제2항에 따라 사업자 단위 과세 사업자로 사업자등록을 신청한 자에 대해서는 별지 제7호서식(1) 부표(개인사업자용) 또는 별지 제7호서식(2) 부표(법인사업자용)에 따른 사업자 단위 과세 적용 종된 사업장 명세를 추가로 발급한다.

■ 부가가치세법 시행규칙 [별지 제4호서식] 〈개정 2024. 3. 22.〉
홈택스(www.hometax.go.kr)에서도

신청할 수 있습니다.

사업자등록 신청서(개인사업자용)
(법인이 아닌 단체의 고유번호 신청서)

※ 사업자등록의 신청 내용은 영구히 관리되며, 납세 성실도를 검증하는 기초자료로 활용됩니다.
아래 해당 사항을 사실대로 작성하시기 바라며, 신청서에 본인이 자필로 서명해 주시기 바랍니다.
[ ]에는 해당하는 곳에 √ 표를 합니다.
(앞쪽)

접수번호		처리기간	2일(보정 기간은 불산입)

1. 인적사항

상호(단체명)		연락처	(사업장 전화번호)
성명(대표자)			(주소지 전화번호)
주민등록번호			**(휴대전화번호)**
(단체)부동산등기용등록번호			(FAX 번호)
사업장(단체) 소재지			층 호
사업장이 주소지인 경우 주소지 이전 시 사업장 소재지 자동 정정 신청			([ ]여, [ ]부)

2. 사업장 현황

업 종	주업태	주종목	주생산요소	주업종 코드	개업일	종업원 수
	부업태	부종목	부생산요소	부업종 코드		

사이버몰 명칭		사이버몰 도메인	

사업장 구분	자가 면적	타가 면적	사업장을 빌려준 사람(임대인)			임대차 명세			
			성명(법인명)	사업자등록번호	주민(법인)등록번호	임대차계약기간	(전세)보증금	월세(차임)	
	㎡	㎡					원	원	

허가 등 사업 여부	[ ]신고 [ ]등록 [ ]허가 [ ]해당 없음	주류면허	면허번호	면허신청
				[ ]여 [ ]부

개별소비세 해당 여부	[ ]제조 [ ]판매 [ ]입장 [ ]유흥	사업자 단위 과세 적용 신고 여부	[ ]여 [ ]부

사업자금 명세 (전세보증금 포함)	자기자금	원	타인자금	원

간이과세 적용 신고 여부	[ ]여 [ ]부	간이과세 포기 신고 여부	[ ]여 [ ]부

전자우편주소		국세청이 제공하는 국세정보 수신동의	[ ]문자(SMS) 수신에 동의함(선택) [ ]전자우편 수신에 동의함(선택)

그 밖의 신청사항	확정일자 신청 여부	공동사업자 신청 여부	사업장 외 송달장소 신청 여부	양도자의 사업자등록번호 (사업양수의 경우에만 해당함)
	[ ]여 [ ]부	[ ]여 [ ]부	[ ]여 [ ]부	

신탁재산 여부	[ ]여 [ ]부	신탁재산의 등기부상 소재지 또는 등록부상 등록지	

210㎜×297㎜[백상지(80g/㎡) 또는 중질지(80g/㎡)]

3. 사업자등록 신청 및 사업 시 유의사항 (아래 사항을 반드시 읽고 확인하시기 바랍니다)

가. 다른 사람에게 사업자명의를 빌려주는 경우 사업과 관련된 각종 세금이 명의를 빌려준 사람에게 나오게 되어 다음과 같은 불이익이 있을 수 있습니다.

1) 조세의 회피 및 강제집행의 면탈을 목적으로 자신의 성명을 사용하여 타인에게 사업자등록을 할 것을 허락하거나 자신 명의의 사업자등록을 타인이 이용하여 사업을 영위하도록 한 자는 「조세범 처벌법」 제11조제2항에 따라 1년 이하의 징역 또는 1천만원 이하의 벌금에 처해집니다.

2) 소득이 늘어나 국민연금과 건강보험료를 더 낼 수 있습니다.

3) 명의를 빌려간 사람이 세금을 못 내게 되면 체납자가 되어 소유재산의 압류·공매처분, 체납명세의 금융회사 등 통보, 출국규제 등의 불이익을 받을 수 있습니다.

나. 다른 사람의 명의로 사업자등록을 하고 실제 사업을 하는 것으로 확인되는 경우 다음과 같은 불이익이 있을 수 있습니다.

1) 조세의 회피 또는 강제집행의 면탈을 목적으로 타인의 성명을 사용하여 사업자등록을 하거나 타인 명의의 사업자등록을 이용하여 사업을 영위한 자는 「조세범 처벌법」 제11조제1항에 따라 2년 이하의 징역 또는 2천만원 이하의 벌금에 처해집니다.

2) 「부가가치세법」 제60조제1항제2호에 따라 사업 개시일부터 실제 사업을 하는 것으로 확인되는 날의 직전일까지의 공급가액 합계액의 1%에 해당하는 금액을 납부세액에 더하여 납부해야 합니다.

3) 「주민등록법」 제37조제10호에 따라 다른 사람의 주민등록번호를 부정하게 사용한 자는 3년 이하의 징역 또는 3천만원 이하의 벌금에 처해집니다.

다. 귀하가 재화 또는 용역을 공급하지 않거나 공급받지 않고 세금계산서 또는 계산서를 발급하거나 발급받은 경우 또는 이와 같은 행위를 알선·중개한 경우에는 「조세범 처벌법」 제10조제3항 또는 제4항에 따라 3년 이하의 징역 또는 공급가액에 부가가치세액의 3배 이하에 상당하는 벌금에 처해집니다.

라. 신용카드 가맹 및 이용은 반드시 사업용 본인 명의로 해야 하여 사업상 결제목적 외의 용도로 신용카드를 이용할 경우 「여신전문금융업법」 제70조제3항제2호부터 제6호까지의 규정에 따라 3년 이하의 징역 또는 2천만원 이하의 벌금에 처해집니다.

창업자 멘토링 서비스 신청 여부	[ ]여 [ ]부

※ 세무대리인을 선임하지 못한 경우 신청 가능하며, 서비스 제공 요건을 충족하지 못한 경우 서비스가 제공되지 않을 수 있음

대리인이 사업자등록신청을 하는 경우에는 아래의 위임장을 작성하시기 바랍니다.

위 임 장	본인은 사업자등록 신청과 관련한 모든 사항을 아래의 대리인에게 위임합니다. 본인:		
		(서명 또는 인)	
대리인 인적사항	성명	주민등록번호	전화번호	신청인과의 관계

위에서 작성한 내용과 실제 사업자 및 사업내용 등이 일치함을 확인하여, 「부가가치세법」 제8조제1항·제3항, 제61조제3항, 같은 법 시행령 제11조제1항·제2항, 제109조제4항, 같은 법 시행규칙 제9조제1항·제2항 및 「상가건물 임대차보호법」 제5조제2항에 따라 사업자등록([ ]일반과세자[ ]간이과세자[ ]면세사업자[ ]그 밖의 단체) 및 확정일자를 신청합니다.

년   월   일

신청인: (서명 또는 인)
위 대리인: (서명 또는 인)

세무서장   귀하

| 신고인 제출서류 | 1. 사업허가증 사본, 사업등록증 사본 또는 신고확인증 사본 중 1부(법령에 따라 허가를 받거나 등록 또는 신고를 해야 하는 사업의 경우에만 제출합니다)
2. 임대차계약서 사본 1부(사업장을 임차한 경우에만 제출합니다)
3. 「상가건물 임대차보호법」이 적용되는 상가건물의 일부분을 임차한 경우에는 해당 부문의 도면 1부
4. 자금출처명세서 1부(금지금 도매·소매업, 과세유흥장소에서의 영업, 액체연료 및 관련제품 도매업 기체 연료 및 관련제품 도매업, 차량용 주유소 운영업, 차량용 가스 충전업, 가정용 액체연료 소매업, 가정용 가스연료 소매업, 재생용 재료 수집 및 판매업을 하려는 경우에만 제출합니다)
5. 신탁계약서 1부
6. 주택임대사업을 하려는 경우 「소득세법 시행규칙」 별지 제106호서식의 임대주택 명세서 1부 또는 임대주택 명세서를 갈음하여 「민간임대주택에 관한 특별법 시행령」 제4조제5항에 따른 임대사업자 등록증 사본 1부 | 수수료 없음 |

유의사항

사업자등록을 신청할 때 다음 각 호의 사유에 해당하는 경우에는 불임의 서식 무료에 추가로 적습니다.
1. 공동사업자가 있는 경우
2. 사업장 외의 장소에서 서류를 송달받으려는 경우
3. 사업자 단위 과세 적용을 신청하려는 경우(2010년 이후부터 적용)

210mm × 297mm[백상지(80g/㎡) 또는 중질지(80g/㎡)]

[ ] 공동사업자 명세
[ ] 서류를 송달받을 장소

※ [ ]에는 해당되는 곳에 √표를 합니다.

1. 인적사항

상호(단체명)

성명(대표자)

주민등록번호

사업장(단체)

소재지

2. 공동사업자 명세

출자금		원	성립일		
성명	주민등록번호		지분율	관계	출자공동사업자여부

* 소득분배비율과 지분율이 다른 경우에는 소득분배비율을 적습니다.
* 출자공동사업자란 「소득세법 시행령」 제100조제1항에 따라 경영에는 참여하지 않고 출자만 하는 공동사업자를 말합니다.

3. 서류를 송달받을 장소

「국세기본법」 제9조 및 같은 법 시행령 제5조에 따라 사업장이 아닌 다음 장소에서 서류를 송달받고자
합니다. 이 신청서로 등록신청한 사업장에 대하여 발생되는 고지서나 신고안내문 등의 송달주소로 활용됩니다.
- 구분 : [ ] 1.주민등록상 주소   [ ] 2.기타   (전화번호:)
※ 주민등록상 주소를 선택한 경우 「주민등록법」 제16조에 따라 주소가 이전되면 송달주소가 이전된 주소로 자동으로
변경되는 것에 동의하는 경우 아래의 동의함에 체크하여 주시기 바랍니다.
     [ ] 동의함   [ ] 동의하지 않음

소다바요
                저 회nai
 서

210mm×297mm[백상지(80g/㎡) 또는 중질지(80g/㎡)]

■ 부가가치세법 시행규칙 [별지 제4호서식 무표 2] <개정 2021. 3. 16.>

사업자 단위 과세 사업자의 종된 사업장 명세서(개인사업자용)

※ [ ]에는 해당되는 곳에 √표를 합니다.

종된 사업장 일련번호 ( )	상 호		사업장 소재지		종된 사업장 개설일	업종	주업태		주종목		업종코드	
			층 호				부업태		부종목		업종코드	
	확정 일자 신청	도면 첨부	자가 면적	타가 면적	사업장을 빌려준 사람 (임대인)				임대차명세			
					성명 (법인명)	사업자 등록번호		주민(법인) 등록번호	임대차 계약기간	(전세) 보증금		월세
	여[ ] 부[ ]	여[ ] 부[ ]	㎡	㎡							원	원
종된 사업장 일련번호 ( )	상 호		사업장 소재지		종된 사업장 개설일	업종	주업태		주종목		업종코드	
			층 호				부업태		부종목		업종코드	
	확정 일자 신청	도면 첨부	자가 면적	타가 면적	사업장을 빌려준 사람 (임대인)				임대차명세			
					성명 (법인명)	사업자 등록번호		주민(법인) 등록번호	임대차 계약기간	(전세) 보증금		월세
	여[ ] 부[ ]	여[ ] 부[ ]	㎡	㎡							원	원
종된 사업장 일련번호 ( )	상 호		사업장 소재지		종된 사업장 개설일	업종	주업태		주종목		업종코드	
			층 호				부업태		부종목		업종코드	
	확정 일자 신청	도면 첨부	자가 면적	타가 면적	사업장을 빌려준 사람 (임대인)				임대차명세			
					성명 (법인명)	사업자 등록번호		주민(법인) 등록번호	임대차 계약기간	(전세) 보증금		월세
	여[ ] 부[ ]	여[ ] 부[ ]	㎡	㎡							원	원
종된 사업장 일련번호 ( )	상 호		사업장 소재지		종된 사업장 개설일	업종	주업태		주종목		업종코드	
			층 호				부업태		부종목		업종코드	
	확정 일자 신청	도면 첨부	자가 면적	타가 면적	사업장을 빌려준 사람 (임대인)				임대차명세			
					성명 (법인명)	사업자 등록번호		주민(법인) 등록번호	임대차 계약기간	(전세) 보증금		월세
	여[ ] 부[ ]	여[ ] 부[ ]	㎡	㎡							원	원
종된 사업장 일련번호 ( )	상 호		사업장 소재지		종된 사업장 개설일	업종	주업태		주종목		업종코드	
			층 호				부업태		부종목		업종코드	
	확정 일자 신청	도면 첨부	자가 면적	타가 면적	사업장을 빌려준 사람 (임대인)				임대차명세			
					성명 (법인명)	사업자 등록번호		주민(법인) 등록번호	임대차 계약기간	(전세) 보증금		월세
	여[ ] 부[ ]	여[ ] 부[ ]	㎡	㎡							원	원

210mm × 297mm[백상지(80g/㎡) 또는 중질지(80g/㎡)]

개인사업자용 사업자등록증: 별지 제7호서식(1)

■ 부가가치세법 시행규칙 [별지 제7호서식(1)] <개정 2014.3.14>

사 업 자 등 록 증

(   )

등록번호 :

① 상 호 :   ② 성 명 :

③ 개 업 연 월 일 :   년   월   일   ④ 생년월일 :

⑤ 사업장 소재지:

⑥ 사 업 의 종 류: | 업태 | | 종목 | | 생산 요소 |

⑦ 발 급 사 유 :

⑧ 공 동 사 업 자:

⑨ 주류판매신고번호:

⑩ 사업자 단위 과세 적용사업자 여부: 여(   ) 부(   )

⑪ 전자세금계산서 전용 전자우편주소:

년   월   일

○○세무서장 | 직인 |

국세상담이 필요할 땐   ☎ 126   210mm×297mm[백상지 120g/㎡]

법인사업자용 사업자등록증: 별지 제7호서식(2)

■ 부가가치세법 시행규칙 [별지 제7호서식(2)] <개정 2014.3.14>

사 업 자 등 록 증

(   )

등록번호:

① 법 인 명(단 체 명):

② 대 표 자:

③ 개 업 연 월 일: 년   월   일   ④ 법인등록번호:

⑤ 사업장 소재지:

⑥ 본 점 소 재 지:

⑦ 사 업 의 종 류:

업태	종목	생산 요소

⑧ 발 급   사 유:

⑨ 주류판매신고번호:

⑩ 사업자 단위 과세 적용사업자 여부: 여( ) 부( )

⑪ 전자세금계산서 전용 전자우편주소:

년   월   일

○○세무서장   [직인]

국세상담이 필요할 땐 ☎126

210mm×297mm[백상지 120g/㎡]

자금출처명세서: 별지 제6호서식

■ 부가가치세법 시행규칙 [별지 제6호서식] <개정 2015.3.6.>

자금출처명세서

접수번호	접수일	처리기관	즉시

1. 사업자 인적사항

성명(법인명)	주민등록번호
주소 또는 거소	전화번호

2. 소요 자금 명세

(천원)

합계	임대보증금 (전세금포함)	권리금	시설비	기타

• 그 밖의 명세:

3. 자금 출처 명세

(천원)

합계	자기자금						타인자금		
	계	예금 등	부동산 매각대금	동산 등 매각대금	수증	기타	계	금융기관	타인자금

• 그 밖의 자금 출처:

4. 타인자금 세부 내역

(천원, %)

☐ 금융기관

연번	은행명	계좌번호	차입금액	차입일	만기일	이자율
1						
2						

☐ 타인자금

연번	대여자		차입금액	차입일	만기일	이자율	관계
	성명(상호)	주민등록번호 (사업자등록번호)					
1							
2							

「부가가치세법 시행령」 제11조제3항에 따라 자금출처명세서를 제출합니다.

년   월   일

제출자
(서명 또는 인)

세무서장 귀하

신청인(대표자) 제출서류	1. 소요 자금을 확인할 수 있는 세금계산서, 계약서, 사업계획서 등 증명서류 2. 금융기관 차입자금은 해당 금융기관이 발행한 증명서 3. 타인자금은 채권자가 확인되는 차용증서 사본 4. 예금·적금은 통장 사본과 그 예금·적금의 자금원천이 확인되는 서류 5. 부동산 매각대금은 부동산소재지·수량 및 금액이 표시된 매매계약서 사본 6. 동산 등 매각대금은 매수자의 주소, 성명, 주민등록번호가 적힌 매매계약서 사본 또는 매수자 확인서 7. 수증은 증여자의 주소, 성명, 주민등록번호를 적은 확인서 8. 기타는 자금원천이 확인되는 서류	수수료 없음

210mm×297mm[백상지 80g/㎡(재활용품)]

5) 기타 관련 법령

상가건물 임대차보호법 (약칭: 상가임대차법)

[시행 2022. 1. 4.] [법률 제18675호, 2022. 1. 4., 일부개정]

제1조(목적) 이 법은 상가건물 임대차에 관하여 「민법」에 대한 특례를 규정하여 국민 경제생활의 안정을 보장함을 목적으로 한다.

제2조(적용범위)

① 이 법은 상가건물(제3조제1항에 따른 사업자등록의 대상이 되는 건물을 말한다)의 임대차(임대차 목적물의 주된 부분을 영업용으로 사용하는 경우를 포함한다)에 대하여 적용한다. 다만, 제14조의2에 따른 상가건물임대차위원회의 심의를 거쳐 대통령령으로 정하는 보증금액을 초과하는 임대차에 대하여는 그러하지 아니하다. 〈개정 2020. 7. 31.〉

② 제1항 단서에 따른 보증금액을 정할 때에는 해당 지역의 경제 여건 및 임대차 목적물의 규모 등을 고려하여 지역별로 구분하여 규정하되, 보증금 외에 차임이 있는 경우에는 그 차임액에 「은행법」에 따른 은행의 대출금리 등을 고려하여 대통령령으로 정하는 비율을 곱하여 환산한 금액을 포함하여야 한다. 〈개정 2010. 5. 17.〉

③ 제1항 단서에도 불구하고 제3조, 제10조제1항, 제2항, 제3항 본문, 제10조의 2부터 제10조의9까지의 규정, 제11조의2 및 제19조는 제1항 단서에 따른 보증금액을 초과하는 임대차에 대하여도 적용한다. 〈신설 2013. 8. 13., 2015. 5. 13., 2020. 9. 29., 2022. 1. 4.〉

[전문개정 2009. 1. 30.]

제3조(대항력 등)

① 임대차는 그 등기가 없는 경우에도 임차인이 건물의 인도와 「부가가치세법」 제8조, 「소득세법」 제168조 또는 「법인세법」 제111조에 따른 사업자등록을 신청하면 그 다음 날부터 제3자에 대하여 효력이 생긴다. 〈개정 2013. 6. 7.〉

② 임차건물의 양수인(그 밖에 임대할 권리를 승계한 자를 포함한다)은 임대인의 지

위를 승계한 것으로 본다.

③ 이 법에 따라 임대차의 목적이 된 건물이 매매 또는 경매의 목적물이 된 경우에는 「민법」 제575조제1항·제3항 및 제578조를 준용한다.

④ 제3항의 경우에는 「민법」 제536조를 준용한다.

[전문개정 2009. 1. 30.]

제4조(확정일자 부여 및 임대차정보의 제공 등)

① 제5조제2항의 확정일자는 상가건물의 소재지 관할 세무서장이 부여한다.

② 관할 세무서장은 해당 상가건물의 소재지, 확정일자 부여일, 차임 및 보증금 등을 기재한 확정일자부를 작성하여야 한다. 이 경우 전산정보처리조직을 이용할 수 있다.

③ 상가건물의 임대차에 이해관계가 있는 자는 관할 세무서장에게 해당 상가건물의 확정일자 부여일, 차임 및 보증금 등 정보의 제공을 요청할 수 있다. 이 경우 요청을 받은 관할 세무서장은 정당한 사유 없이 이를 거부할 수 없다.

④ 임대차계약을 체결하려는 자는 임대인의 동의를 받아 관할 세무서장에게 제3항에 따른 정보제공을 요청할 수 있다.

⑤ 확정일자부에 기재하여야 할 사항, 상가건물의 임대차에 이해관계가 있는 자의 범위, 관할 세무서장에게 요청할 수 있는 정보의 범위 및 그 밖에 확정일자 부여사무와 정보제공 등에 필요한 사항은 대통령령으로 정한다.

[전문개정 2015. 5. 13.]

제6조(임차권등기명령)

① 임대차가 종료된 후 보증금이 반환되지 아니한 경우 임차인은 임차건물의 소재지를 관할하는 지방법원, 지방법원지원 또는 시·군법원에 임차권등기명령을 신청할 수 있다. 〈개정 2013. 8. 13.〉

② 임차권등기명령을 신청할 때에는 다음 각 호의 사항을 기재하여야 하며, 신청 이유 및 임차권등기의 원인이 된 사실을 소명하여야 한다.

1. 신청 취지 및 이유

2. 임대차의 목적인 건물(임대차의 목적이 건물의 일부분인 경우에는 그 부분의 도

면을 첨부한다)

3. 임차권등기의 원인이 된 사실(임차인이 제3조제1항에 따른 대항력을 취득하였거나 제5조제2항에 따른 우선변제권을 취득한 경우에는 그 사실)

4. 그 밖에 대법원규칙으로 정하는 사항

③ 임차권등기명령의 신청에 대한 재판, 임차권등기명령의 결정에 대한 임대인의 이의신청 및 그에 대한 재판, 임차권등기명령의 취소신청 및 그에 대한 재판 또는 임차권등기명령의 집행 등에 관하여는 「민사집행법」 제280조제1항, 제281조, 제283조, 제285조, 제286조, 제288조제1항·제2항 본문, 제289조, 제290조제2항 중 제288조제1항에 대한 부분, 제291조, 제293조를 준용한다. 이 경우 "가압류"는 "임차권등기"로, "채권자"는 "임차인"으로, "채무자"는 "임대인"으로 본다.

④ 임차권등기명령신청을 기각하는 결정에 대하여 임차인은 항고할 수 있다.

⑤ 임차권등기명령의 집행에 따른 임차권등기를 마치면 임차인은 제3조제1항에 따른 대항력과 제5조제2항에 따른 우선변제권을 취득한다. 다만, 임차인이 임차권등기 이전에 이미 대항력 또는 우선변제권을 취득한 경우에는 그 대항력 또는 우선변제권이 그대로 유지되며, 임차권등기 이후에는 제3조제1항의 대항요건을 상실하더라도 이미 취득한 대항력 또는 우선변제권을 상실하지 아니한다.

⑥ 임차권등기명령의 집행에 따른 임차권등기를 마친 건물(임대차의 목적이 건물의 일부분인 경우에는 그 부분으로 한정한다)을 그 이후에 임차한 임차인은 제14조에 따른 우선변제를 받을 권리가 없다.

⑦ 임차권등기의 촉탁, 등기관의 임차권등기 기입 등 임차권등기명령의 시행에 관하여 필요한 사항은 대법원규칙으로 정한다.

⑧ 임차인은 제1항에 따른 임차권등기명령의 신청 및 그에 따른 임차권등기와 관련하여 든 비용을 임대인에게 청구할 수 있다.

⑨ 금융기관등은 임차인을 대위하여 제1항의 임차권등기명령을 신청할 수 있다. 이 경우 제3항·제4항 및 제8항의 "임차인"은 "금융기관등"으로 본다. 〈신설 2013. 8. 13.〉

제7조(「민법」에 따른 임대차등기의 효력 등)

① 「민법」 제621조에 따른 건물임대차등기의 효력에 관하여는 제6조제5항 및 제6항을 준용한다.

② 임차인이 대항력 또는 우선변제권을 갖추고 「민법」 제621조제1항에 따라 임대인의 협력을 얻어 임대차등기를 신청하는 경우에는 신청서에 「부동산등기법」 제74조제1호부터 제6호까지의 사항 외에 다음 각 호의 사항을 기재하여야 하며, 이를 증명할 수 있는 서면(임대차의 목적이 건물의 일부분인 경우에는 그 부분의 도면을 포함한다)을 첨부하여야 한다. 〈개정 2011. 4. 12., 2020. 2. 4.〉

  1. 사업자등록을 신청한 날

  2. 임차건물을 점유한 날

  3. 임대차계약서상의 확정일자를 받은 날

제9조(임대차기간 등)

① 기간을 정하지 아니하거나 기간을 1년 미만으로 정한 임대차는 그 기간을 1년으로 본다. 다만, 임차인은 1년 미만으로 정한 기간이 유효함을 주장할 수 있다.

② 임대차가 종료한 경우에도 임차인이 보증금을 돌려받을 때까지는 임대차 관계는 존속하는 것으로 본다.

제10조(계약갱신 요구 등)

① 임대인은 임차인이 임대차기간이 만료되기 6개월 전부터 1개월 전까지 사이에 계약갱신을 요구할 경우 정당한 사유 없이 거절하지 못한다. 다만, 다음 각 호의 어느 하나의 경우에는 그러하지 아니하다. 〈개정 2013. 8. 13.〉

  1. 임차인이 3기의 차임액에 해당하는 금액에 이르도록 차임을 연체한 사실이 있는 경우

  2. 임차인이 거짓이나 그 밖의 부정한 방법으로 임차한 경우

  3. 서로 합의하여 임대인이 임차인에게 상당한 보상을 제공한 경우

4. 임차인이 임대인의 동의 없이 목적 건물의 전부 또는 일부를 전대(轉貸)한 경우

5. 임차인이 임차한 건물의 전부 또는 일부를 고의나 중대한 과실로 파손한 경우

6. 임차한 건물의 전부 또는 일부가 멸실되어 임대차의 목적을 달성하지 못할 경우

7. 임대인이 다음 각 목의 어느 하나에 해당하는 사유로 목적 건물의 전부 또는 대부분을 철거하거나 재건축하기 위하여 목적 건물의 점유를 회복할 필요가 있는 경우

　　가. 임대차계약 체결 당시 공사시기 및 소요기간 등을 포함한 철거 또는 재건축 계획을 임차인에게 구체적으로 고지하고 그 계획에 따르는 경우

　　나. 건물이 노후 · 훼손 또는 일부 멸실되는 등 안전사고의 우려가 있는 경우

　　다. 다른 법령에 따라 철거 또는 재건축이 이루어지는 경우

8. 그 밖에 임차인이 임차인으로서의 의무를 현저히 위반하거나 임대차를 계속하기 어려운 중대한 사유가 있는 경우

② 임차인의 계약갱신요구권은 최초의 임대차기간을 포함한 전체 임대차기간이 10년을 초과하지 아니하는 범위에서만 행사할 수 있다. 〈개정 2018. 10. 16.〉

③ 갱신되는 임대차는 전 임대차와 동일한 조건으로 다시 계약된 것으로 본다. 다만, 차임과 보증금은 제11조에 따른 범위에서 증감할 수 있다.

④ 임대인이 제1항의 기간 이내에 임차인에게 갱신 거절의 통지 또는 조건 변경의 통지를 하지 아니한 경우에는 그 기간이 만료된 때에 전 임대차와 동일한 조건으로 다시 임대차한 것으로 본다. 이 경우에 임대차의 존속기간은 1년으로 본다. 〈개정 2009. 5. 8.〉

⑤ 제4항의 경우 임차인은 언제든지 임대인에게 계약해지의 통고를 할 수 있고, 임대인이 통고를 받은 날부터 3개월이 지나면 효력이 발생한다.

[전문개정 2009. 1. 30.]

제10조의2(계약갱신의 특례) 제2조제1항 단서에 따른 보증금액을 초과하는 임대차의 계약갱신의 경우에는 당사자는 상가건물에 관한 조세, 공과금, 주변 상가건물

의 차임 및 보증금, 그 밖의 부담이나 경제사정의 변동 등을 고려하여 차임과 보증금의 증감을 청구할 수 있다.

[본조신설 2013. 8. 13.]

제10조의3(권리금의 정의 등)

① 권리금이란 임대차 목적물인 상가건물에서 영업을 하는 자 또는 영업을 하려는 자가 영업시설 · 비품, 거래처, 신용, 영업상의 노하우, 상가건물의 위치에 따른 영업상의 이점 등 유형 · 무형의 재산적 가치의 양도 또는 이용대가로서 임대인, 임차인에게 보증금과 차임 이외에 지급하는 금전 등의 대가를 말한다.

② 권리금 계약이란 신규임차인이 되려는 자가 임차인에게 권리금을 지급하기로 하는 계약을 말한다.

[본조신설 2015. 5. 13.]

제10조의4(권리금 회수기회 보호 등)

① 임대인은 임대차기간이 끝나기 6개월 전부터 임대차 종료 시까지 다음 각 호의 어느 하나에 해당하는 행위를 함으로써 권리금 계약에 따라 임차인이 주선한 신규임차인이 되려는 자로부터 권리금을 지급받는 것을 방해하여서는 아니 된다. 다만, 제10조제1항 각 호의 어느 하나에 해당하는 사유가 있는 경우에는 그러하지 아니하다. 〈개정 2018. 10. 16.〉

1. 임차인이 주선한 신규임차인이 되려는 자에게 권리금을 요구하거나 임차인이 주선한 신규임차인이 되려는 자로부터 권리금을 수수하는 행위

2. 임차인이 주선한 신규임차인이 되려는 자로 하여금 임차인에게 권리금을 지급하지 못하게 하는 행위

3. 임차인이 주선한 신규임차인이 되려는 자에게 상가건물에 관한 조세, 공과금, 주변 상가건물의 차임 및 보증금, 그 밖의 부담에 따른 금액에 비추어 현저히 고액의 차임과 보증금을 요구하는 행위

4. 그 밖에 정당한 사유 없이 임대인이 임차인이 주선한 신규임차인이 되려는 자와 임대차계약의 체결을 거절하는 행위

② 다음 각 호의 어느 하나에 해당하는 경우에는 제1항제4호의 정당한 사유가 있

는 것으로 본다.

1. 임차인이 주선한 신규임차인이 되려는 자가 보증금 또는 차임을 지급할 자력이 없는 경우

2. 임차인이 주선한 신규임차인이 되려는 자가 임차인으로서의 의무를 위반할 우려가 있거나 그 밖에 임대차를 유지하기 어려운 상당한 사유가 있는 경우

3. 임대차 목적물인 상가건물을 1년 6개월 이상 영리목적으로 사용하지 아니한 경우

4. 임대인이 선택한 신규임차인이 임차인과 권리금 계약을 체결하고 그 권리금을 지급한 경우

③ 임대인이 제1항을 위반하여 임차인에게 손해를 발생하게 한 때에는 그 손해를 배상할 책임이 있다. 이 경우 그 손해배상액은 신규임차인이 임차인에게 지급하기로 한 권리금과 임대차 종료 당시의 권리금 중 낮은 금액을 넘지 못한다.

④ 제3항에 따라 임대인에게 손해배상을 청구할 권리는 임대차가 종료한 날부터 3년 이내에 행사하지 아니하면 시효의 완성으로 소멸한다.

⑤ 임차인은 임대인에게 임차인이 주선한 신규임차인이 되려는 자의 보증금 및 차임을 지급할 자력 또는 그 밖에 임차인으로서의 의무를 이행할 의사 및 능력에 관하여 자신이 알고 있는 정보를 제공하여야 한다.

[본조신설 2015. 5. 13.]

제10조의5(권리금 적용 제외) 제10조의4는 다음 각 호의 어느 하나에 해당하는 상가건물 임대차의 경우에는 적용하지 아니한다. 〈개정 2018. 10. 16.〉

1. 임대차 목적물인 상가건물이 「유통산업발전법」 제2조에 따른 대규모점포 또는 준대규모점포의 일부인 경우(다만, 「전통시장 및 상점가 육성을 위한 특별법」 제2조제1호에 따른 전통시장은 제외한다)

2. 임대차 목적물인 상가건물이 「국유재산법」에 따른 국유재산 또는 「공유재산 및 물품 관리법」에 따른 공유재산인 경우

[본조신설 2015. 5. 13.]

제10조의6(표준권리금계약서의 작성 등) 국토교통부장관은 법무부장관과 협의를

거쳐 임차인과 신규임차인이 되려는 자의 권리금 계약 체결을 위한 표준권리금계약서를 정하여 그 사용을 권장할 수 있다. 〈개정 2020. 7. 31.〉

[본조신설 2015. 5. 13.]

제10조의8(차임연체와 해지) 임차인의 차임연체액이 3기의 차임액에 달하는 때에는 임대인은 계약을 해지할 수 있다.

[본조신설 2015. 5. 13.]

제10조의9(계약 갱신요구 등에 관한 임시 특례) 임차인이 이 법(법률 제17490호 상가건물 임대차보호법 일부개정법률을 말한다) 시행일부터 6개월까지의 기간 동안 연체한 차임액은 제10조제1항제1호, 제10조의4제1항 단서 및 제10조의8의 적용에 있어서는 차임연체액으로 보지 아니한다. 이 경우 연체한 차임액에 대한 임대인의 그 밖의 권리는 영향을 받지 아니한다.

[본조신설 2020. 9. 29.]

제11조(차임 등의 증감청구권)

① 차임 또는 보증금이 임차건물에 관한 조세, 공과금, 그 밖의 부담의 증감이나 「감염병의 예방 및 관리에 관한 법률」 제2조제2호에 따른 제1급감염병 등에 의한 경제사정의 변동으로 인하여 상당하지 아니하게 된 경우에는 당사자는 장래의 차임 또는 보증금에 대하여 증감을 청구할 수 있다. 그러나 증액의 경우에는 대통령령으로 정하는 기준에 따른 비율을 초과하지 못한다. 〈개정 2020. 9. 29.〉

② 제1항에 따른 증액 청구는 임대차계약 또는 약정한 차임 등의 증액이 있은 후 1년 이내에는 하지 못한다.

③ 「감염병의 예방 및 관리에 관한 법률」 제2조제2호에 따른 제1급감염병에 의한 경제사정의 변동으로 차임 등이 감액된 후 임대인이 제1항에 따라 증액을 청구하는 경우에는 증액된 차임 등이 감액 전 차임 등의 금액에 달할 때까지는 같은 항 단서를 적용하지 아니한다. 〈신설 2020. 9. 29.〉

[전문개정 2009. 1. 30.]

제12조(월 차임 전환 시 산정률의 제한) 보증금의 전부 또는 일부를 월 단위의 차임으로 전환하는 경우에는 그 전환되는 금액에 다음 각 호 중 낮은 비율을 곱한 월

차임의 범위를 초과할 수 없다. 〈개정 2010. 5. 17., 2013. 8. 13.〉

1. 「은행법」에 따른 은행의 대출금리 및 해당 지역의 경제 여건 등을 고려하여 대통령령으로 정하는 비율

2. 한국은행에서 공시한 기준금리에 대통령령으로 정하는 배수를 곱한 비율

[전문개정 2009. 1. 30.]

제13조(전대차관계에 대한 적용 등)

① 제10조, 제10조의2, 제10조의8, 제10조의9(제10조 및 제10조의8에 관한 부분으로 한정한다), 제11조 및 제12조는 전대인(轉貸人)과 전차인(轉借人)의 전대차관계에 적용한다. 〈개정 2015. 5. 13., 2020. 9. 29.〉

② 임대인의 동의를 받고 전대차계약을 체결한 전차인은 임차인의 계약갱신요구권 행사기간 이내에 임차인을 대위(代位)하여 임대인에게 계약갱신요구권을 행사할 수 있다.

[전문개정 2009. 1. 30.]

제14조(보증금 중 일정액의 보호)

① 임차인은 보증금 중 일정액을 다른 담보물권자보다 우선하여 변제받을 권리가 있다. 이 경우 임차인은 건물에 대한 경매신청의 등기 전에 제3조제1항의 요건을 갖추어야 한다.

② 제1항의 경우에 제5조제4항부터 제6항까지의 규정을 준용한다.

③ 제1항에 따라 우선변제를 받을 임차인 및 보증금 중 일정액의 범위와 기준은 임대건물가액(임대인 소유의 대지가액을 포함한다)의 2분의 1 범위에서 해당 지역의 경제 여건, 보증금 및 차임 등을 고려하여 제14조의2에 따른 상가건물임대차위원회의 심의를 거쳐 대통령령으로 정한다. 〈개정 2013. 8. 13., 2020. 7. 31.〉

[전문개정 2009. 1. 30.]

제15조(강행규정) 이 법의 규정에 위반된 약정으로서 임차인에게 불리한 것은 효력이 없다.

[전문개정 2009. 1. 30.]

제16조(일시사용을 위한 임대차) 이 법은 일시사용을 위한 임대차임이 명백한 경우에는 적용하지 아니한다.

[전문개정 2009. 1. 30.]

제17조(미등기전세에의 준용) 목적건물을 등기하지 아니한 전세계약에 관하여 이 법을 준용한다. 이 경우 "전세금"은 "임대차의 보증금"으로 본다.

[전문개정 2009. 1. 30.]

제18조(「소액사건심판법」의 준용) 임차인이 임대인에게 제기하는 보증금반환청구소송에 관하여는 「소액사건심판법」 제6조·제7조·제10조 및 제11조의2를 준용한다.

[전문개정 2009. 1. 30.]

제19조(표준계약서의 작성 등) 법무부장관은 국토교통부장관과 협의를 거쳐 보증금, 차임액, 임대차기간, 수선비 분담 등의 내용이 기재된 상가건물임대차표준계약서를 정하여 그 사용을 권장할 수 있다. 〈개정 2020. 7. 31.〉

[본조신설 2015. 5. 13.]

제20조(상가건물임대차분쟁조정위원회)

① 이 법의 적용을 받는 상가건물 임대차와 관련된 분쟁을 심의·조정하기 위하여 대통령령으로 정하는 바에 따라 「법률구조법」 제8조에 따른 대한법률구조공단의 지부, 「한국토지주택공사법」에 따른 한국토지주택공사의 지사 또는 사무소 및 「한국감정원법」에 따른 한국감정원의 지사 또는 사무소에 상가건물임대차분쟁조정위원회(이하 "조정위원회"라 한다)를 둔다. 특별시·광역시·특별자치시·도 및 특별자치도는 그 지방자치단체의 실정을 고려하여 조정위원회를 둘 수 있다. 〈개정 2020. 7. 31.〉

② 조정위원회는 다음 각 호의 사항을 심의·조정한다.

    1. 차임 또는 보증금의 증감에 관한 분쟁

    2. 임대차 기간에 관한 분쟁

    3. 보증금 또는 임차상가건물의 반환에 관한 분쟁

    4. 임차상가건물의 유지·수선 의무에 관한 분쟁

5. 권리금에 관한 분쟁

6. 그 밖에 대통령령으로 정하는 상가건물 임대차에 관한 분쟁

③ 조정위원회의 사무를 처리하기 위하여 조정위원회에 사무국을 두고, 사무국의 조직 및 인력 등에 필요한 사항은 대통령령으로 정한다.

④ 사무국의 조정위원회 업무담당자는 「주택임대차보호법」 제14조에 따른 주택임대차분쟁조정위원회 사무국의 업무를 제외하고 다른 직위의 업무를 겸직하여서는 아니 된다.

[본조신설 2018. 10. 16.]

제21조(주택임대차분쟁조정위원회 준용) 조정위원회에 대하여는 이 법에 규정한 사항 외에는 주택임대차분쟁조정위원회에 관한 「주택임대차보호법」 제14조부터 제29조까지의 규정을 준용한다. 이 경우 "주택임대차분쟁조정위원회"는 "상가건물임대차분쟁조정위원회"로 본다.

[본조신설 2018. 10. 16.]

제22조(벌칙 적용에서 공무원 의제) 공무원이 아닌 상가건물임대차위원회의 위원 및 상가건물임대차분쟁조정위원회의 위원은 「형법」 제127조, 제129조부터 제132조까지의 규정을 적용할 때에는 공무원으로 본다. 〈개정 2020. 7. 31.〉

[본조신설 2018. 10. 16.]

조세특례제한법

[시행 2024. 4. 1.] [법률 제19936호, 2023. 12. 31., 일부개정]

제1조(목적) 이 법은 조세(租稅)의 감면 또는 중과(重課) 등 조세특례와 이의 제한에 관한 사항을 규정하여 과세(課稅)의 공평을 도모하고 조세정책을 효율적으로 수행함으로써 국민경제의 건전한 발전에 이바지함을 목적으로 한다. 〈개정 2020. 6. 9.〉

[전문개정 2010. 1. 1.]

＊조세특례제한법 제106조의3(금지금에 대한 부가가치세 과세특례) ① 대통령령으로 정하는 형태ㆍ순도 등을 갖춘 지금[이하 이 조에서 "금지금"(金地金)이라 한다]으로서 다음 각 호의 어느 하나에 해당하는 금지금(이하 이 조에서 "면세금지금"이라 한다)의 공급에 대해서는 2014년 3월 31일까지 제3항의 구분에 따라 부가가치세를 면제한다.〈개정 2010. 12. 27., 2011. 12. 31., 2013. 1. 1., 2014. 1. 1.〉

1. 대통령령으로 정하는 금지금도매업자 및 금지금제련업자(이하 이 조에서 "금지금도매업자등"이라 한다)가 대통령령으로 정하는 자(이하 이 조에서 "면세금지금 거래추천자"라 한다)의 면세 추천을 받은 대통령령으로 정하는 금세공업자 등(이하 이 조에서 "금세공업자등"이라 한다)에게 공급하는 금지금

2. 금지금도매업자등 및 대통령령으로 정하는 금융기관(이하 이 조에서 "금융기관"이라 한다)이 면세금지금 거래추천자의 면세 추천을 받은 금융기관에 공급하는 금지금 또는 금융기관이 금지금 소비대차에 의하여 공급하거나 이를 상환받는 금지금

3. 「자본시장과 금융투자업에 관한 법률」에 따른 파생상품시장에서 거래되는 장내파생상품거래(이하 "장내파생상품거래"라 한다)에 의하여 공급하는 금지금. 다만, 금세공업자등(금융기관을 포함한다) 외의 자가 금지금의 실물을 인수하는 경우에는 그러하지 아니하다.

4. 금융기관이 면세금지금 거래추천자의 면세 추천을 받은 금세공업자등에게 공급하는 금지금

개별소비세법

[시행 2023. 1. 1.] [법률 제19185호, 2022. 12. 31., 일부개정]

제1조(과세대상과 세율)

④ 유흥음식행위에 대하여 개별소비세를 부과하는 장소(이하 "과세유흥장소"라 한다)와 그 세율은 다음과 같다. 〈개정 2010. 1. 1.〉

유흥주점, 외국인전용 유흥음식점, 그 밖에 이와 유사한 장소: 유흥음식요금의 100분의 10

- 사업자등록증의 발급

사업자등록 신청을 받은 세무서장은 사업자의 인적사항과 그 밖에 필요한 사항을 기재한 사업자등록증을 신청일부터 2일(토요일 및 일요일, 공휴일 및 대체공휴일 또는 근로자의 날은 제외함) 이내에 신청자에게 발급해야 한다(「부가가치세법 시행령」 제11조제5항 본문).

다만, 사업장 시설이나 사업 현황을 확인하기 위하여 국세청장이 필요하다고 인정하는 경우에는 발급기한을 5일 이내에서 연장하고 조사한 사실에 따라 사업자등록증을 발급할 수 있다(「부가가치세법 시행령」 제11조제5항 단서).

사업자등록은 사업자가 소관 세무서장에게 사업자등록신청서를 제출함으로써 성립되므로 사업자등록증 교부는 그 등록 사실을 증명하는 증서의 교부 행위 내지 사업자의 신고 사실을 증명하는 사실 행위에 지나지 않는다(대법원 2000. 2. 11. 선고 98두2119 판결).

- 사업자등록번호 관련 유의사항

Q. 사업장을 폐업하였다가 다시 새로운 사업을 위해 사업자등록을 신청하였는데, 예전의 사업자등록 번호와 같은 번호를 발급받았습니다. 다른 사업자등록번호를 받을 수는 없나요?

A. 사업자등록번호를 한 번 부여받으면 특별한 경우 외에는 바뀌지 않고 평생 사용하게 됩니다. 또한 사업장을 옮기거나 폐업하였다가 다시 시작하는 경우 종전에는 사업자등록번호를 새로 부여받았으나 1997년부터는 사업자등록번호를 한 번 부여받으면 특별한 경우 외에는 평생 그 번호를 사용하게 됩니다.

사람이 살아가면서 주민등록번호에 의해 많은 사항들이 관리되듯이 사업자들은 사업자등록번호에 의해 세적이 관리되게 되므로 사실대로 정확하게 사업자등록을 해야 합니다. 따라서 사업을 하면서 세금을 내지 않거나, 무단폐업하는 등 성실하지 못한 행위를 할 경우 이러한 사항들이 모두 누적 관리되니 유념해야 합니다.

- 등록거부

사업자등록의 신청을 받은 세무서장은 신청자가 사업을 사실상 개시하지 않을 것이라고 인정되는 경우에는 등록을 거부할 수 있다(「부가가치세법 시행령」 제11조제7항).

- 세무서의 직권등록 및 미등록 시 불이익 등

1) 직권등록

만약 사업자가 사업자등록을 하지 않는 경우에는 관할 사업장 관할 세무서장이 조사하여 등록할 수 있다(「부가가치세법 시행령」 제11조제6항).

2) 사업자미등록 또는 사업자등록지체 시 불이익

❶ 가산세의 부담

사업자등록을 신청기한 내에 하지 않은 경우에는 사업 개시일부터 등록을 신청한 날의 직전일까지의 공급가액의 합계액에 1%가 가산세로 부과된다(「부가가치세법」 제60조제1항제1호).

❷ 매입세액 불공제

사업자 등록을 하지 않으면 등록 전의 매입세액은 공제를 받을 수 없다. 다만, 공급시기가 속하는 과세기간이 끝난 후 20일 이내에 등록을 신청한 경우 등록신청일부터 공급시기가 속하는 과세기간 기산일까지 역산한 기간 이내의 매입세액은 공제받을 수 있다(「부가가치세법」 제39조제1항제8호).

2. 인허가(등록, 신고) 사업의 종류

(출처: 국세청 블로그)

- 인허가 업종 개괄 구분

업종 구분	근거 법령
유흥(단란)주점업	식품위생법 제37조
화물자동차 운송 (건설기계 대여, 개별, 지입화물)	화물자동차운송사업법
유독물 취급 판매	유해화학물질관리법 제9조
폐기물재활용, 폐기물처리	폐기물관리법

- 등록업종

업종 구분	근거 법령
개인택시 운송사업	여객자동차운수사업법 제24조
담배 소매판매업	담배사업법 제13조
노래연습장업	음악산업진흥에 관한 법률
게임, 비디오방	영화 및 비디오물의 진흥에 관한 법률
공인중개사	공인중개사 업무에 관한 법률
다단계판매업	방문판매 등에 관한 법률

업종 구분	근거 법령
대부업, 대부중개업	대부업 등의 등록에 관한 법률
주유소, 석유판매(정제)	석유 및 석유대체연료사업법
여행, 관광숙박업	관광진흥법 제4조

- 신고업종

업종 구분	근거 법령
일반음식점	식품위생법 제37조
휴게음식점	식품위생법 제37조
식품제조가공업	식품위생법 제37조
건강기능식품 일반판매업	건강기능식품에 관한 법률
체육시설 (당구, 탁구, 무도장)	체육시설의 설치·이용에 관한 법률
목욕탕, 숙박업, 세탁업, 위생관리용역업	공중위생관리법 제3조
이·미용업 (일반, 피부, 종합, 네일아트)	공중위생관리법 제3조
여객자동차 운송사업	여객자동차운수사업법
학원·교습소	학원의 설립·운영에 관한 법률

위 표에 없는 업종이라도 모두 인허가 없이 영업할 수 있는 것은 아니므로 반드시 사업 개시 전에 관할 행정청에 문의하여 구별할 필요가 있다.

- 인허가 업종인지 직접 확인하는 방법

홈택스에서 직접 확인할 수도 있다. 사업자등록 시 요구하는 제출 서류를 통해 확인하는 방법이다. 공인중개사업을 예로 들어 진행해 보겠다.

❶ 홈택스의 [신청/제출] 탭의 [사업자등록신청(개인)] 선택

❷ 아래로 스크롤하여 [업종선택] 항목의 [업종 입력/수정] 선택

❸ 업종코드 [검색]

❹ 업종코드 목록에서 업종에 원하는 업종 입력 후 [조회하기] 선택, 아래 업종코드 목록 중 원하는 업종 [선택]

❺ 주 업종 선택하여 [등록하기] / 아래에서 선택 [체크] 후 [업종 등록]

❻ 업종선택란의 제출서류 [확인하기] 선택

❼ 인허가사업 제출서류 확인!

위이 과정을 통해 부동산중개업은 등록사업으로 '부동산중개사무서개설 등록증'을 제출해야 하는 것을 확인할 수 있다.

이와 같이 업종의 관련 면허 취득과 이에 따른 사업자등록 신고는 창업 시 가장 먼저 고려해야 할 사항이다.

Chapter VI

정부 지원금

1. 정부 지원 사업 활용법

- 창업진흥원(K스타트업)

- 창조경제혁신센터

- 기업마당

- 테크노파크

- 정보문화산업진흥원

- 한국 콘텐츠진흥원

- 소상공인시장진흥공단

2. 정부 사업별 특징 및 성장 단계별 정부 지원 사업

- 정부 사업별 특징

- 지방정부별 특징

- 성장 단계별 지원 사업

1. 정부 지원 사업 활용법

사업을 시작하기 전에 준비와 계획은 매우 중요하다. 그래야만 시간과 에너지를 효율적으로 사용하며 성공을 이뤄 낼 수 있다.

사업을 시작하기 위해서는 아이디어가 필요하다. 아이디어는 다양한 형태일 수 있다. 예를 들어, 음식 및 요식업, 온라인 플랫폼, 혁신적인 기술이나 서비스 등이 있다. 우선, 이 책을 읽는 당신의 강점과 관심 분야에 따라 어떤 사업을 하고 싶은지 고민해 보라. 그리고 그 분야에서 어떤 문제를 해결하고 싶은지 생각해 보라.

문제를 해결하는 사업 아이디어가 있는 경우, 시장 조사를 통해 해당 아이디어의 실현 가능성과 시장 규모를 평가해야 한다. 그리고 사업을 시작하기 전에 필요한 자금, 인력, 기술 등의 요소를 충분히 준비해야 한다. 비즈니스 플랜을 작성하고 실행 가능한 전략을 수립하는 것도 중요하다. 더불어, 실패에 대한 대비책도 마련해야 한다. 사업은 항상 예상대로 진행되지 않을 수 있으므로, 유연성을 유지하고 문제에 대처할 준비가 되어 있어야 한다. 마지막으로, 사업가로서의 자질과 끈기도 중요하다. 어떤 도전이든 처음부터 성공하지 못할 수 있으므로, 실패와 어려움을 극복할 수 있는 의지와 노력이 필요하다. 사업을 시작하기 위해서는 충분한 준비와 결단력이 필요하다. 하지만 철저한 계획과 노력을 통해 그 어떤 분야에서도 성공할 수 있을 것으로 생각된다.

어떠한 사업이든 시작을 하는 과정에서 준비해야 하는 중요한 것들이 아주 많을 것으로 생각된다. 가장 기본적으로 무엇(아이템 선택)을 해야 할지? 사업자등록증을 내야 하고, 사업 규모에 따라 다르겠지만 제품을 만들 공간, 즉 생산 공장 등이 필요하며, 제품을 생산/제작하기 위한 공구 장비들이 필요할 듯하다.

최근 트렌드는 온라인 쇼핑몰 운영이다. 이는 위와 같은 생산 공장 확보 및 제작을 하지 않고 중국 등에서 아이템을 직수입하여 국내 온라인 플랫폼에 판매하는 방식이다. 유통 창업보다는 기술 개발 창업이 상대적으로 비용이 더 많이 들어가는 경우가 많다. 큰 비용을 들여서 창업하고 그 사업이 실패하면 무너지기 쉬워서 창업을 주저하는 창업자들을 주위에서 쉽게 볼 수 있을 것이다.

합리적으로 누구나 생각하는 것을 말씀드리자면, 창업을 결심하기 이전에 과연 내가 가지고 있는 기술이 오프라인 시장에서 먹힐 가능성이 있는가를 판단해야 한다. 창업자는 이러한 부분을 판단하기 어려울 수 있고 시장이 안 보일 수 있다. 이때, 가장 간편하고 합리적인 방법은 가족 및 회사 사람 등, 최대한 많은 지인에게 물어보는 것이다. 만약 생각했던 아이템이 별로라고 하면 추가적인 개발이 필요한지 많이 고민하여 연구·개발을 해야 한다.

사업을 준비하면서 가장 중요한 사업의 기본은 시장에서 충분히 필요한지를 먼저 확인하고 판단하는 것이 바람직하고, 시장에서의 경쟁사는 누구인지 확인하는 것도 반드시 체크해야 할 일이다. 이러한 최소한의 준비가 되어 있어야만 사업을 진행할지 안 할지 결정할 수 있기 때문이다.

우선 정부 지원 사업의 활용에 대한 필자의 경험을 바탕으로 설명드린다.

정부 지원 사업은 예비 창업자 및 창업자의 주어진 여건에 따라 다르겠지만, 창업을 위한 자금, 리소스, 노하우 등을 갖추고 있는지도 고려해야 한다. 혼자 하는 1인 창조기업이나 팀을 구성하여 함께 일하는 창업 멤버가 있는지도 고려해야 한다. 특히, 세대 융합 창업은 경험과 역량을 공유하고 다양한 시각을 반영하여 사업을 발전시키는 데 도움이 될 수 있다. 그리고 정부의 지원 프로그램을 활용하여 사업을 시작하고 성장시키는 것이 매우 유용할 수 있다. 이를 위해서는 해당 사업에 적합한 정부 지원 프로그램을 찾아보고, 자격 요건과 신청 절차를 확인해야 한다. 예를 들어, 기술 개발에 중점을 둔 사업이라면 기술 개발 관련 정부 지원 프로그램을 찾아보는 것이 좋다.

일단 기본적으로 스타트업, 처음 창업하는 분들에게 가능한 정부 지원 사업에 대해 소개하겠다.

먼저 중소벤처기업부에서 매년 1월에 발간되는 창업 지원 사업에 대해서 숙지하는 것이 좋다.

출처_https://www.mss.go.kr/site/smba/ex/bbs/List.do?cbIdx=278&pageUnit=12

세부적으로는 아래 표와 같다. 저자가 생각되는 초기 창업을 위해 지원받을 수 있는 기관으로 작성되었으나, 위 창업 지원 사업 책자를 독자 여러분이 보면 더 많은 정보가 수록되어 있다.

지원기관	지원내용	지원특징
창업진흥원	(예비)창업 기업 지원 사업	예비 및 창업 3년 미만 창업 지원
창조경제혁신센터	(예비)창업 기업 지원 사업	예비 및 창업 3년 미만 창업 지원
기업마당	정부 지원 사업 내용	정부 지원 사업의 플랫폼
테크노파크	(예비)창업 기업 지원 사업	예비 및 중견기업 지원
정보문화산업진흥원	(예비)창업 기업 지원 사업	문화 산업 등의 사업 지원
한국콘텐츠진흥원	콘텐츠사업 관련 지원 사업	음악, VR, AR등 다양한 정부 지원 사업
소상공인시장진흥공단	(예비)창업 기업 지원 사업	소상공인 창업 지원

위 정보는 중소기업의 사업 지원을 위한 홈페이지를 알아보는 것이 좋다.

- 창업진흥원(K스타트업)

K스타트업은 창업 후 3년 미만의 기업을 중심으로 지원하는 웹 페이지다. 다양한 R&D 사업과 비R&D 사업이 있으며, 창업 후 7년 미만 기업의 지원 사업도 홍보하고 있으니 지속적으로 접속하여 지원 사업을 직접 확인하는 것이 좋다.

– 창조경제혁신센터

전국창조경제혁신센터는 각 지역별 특색에 맞게 위치(전국 19개 센터)하고 있다. 전국창조경제혁신센터의 특징은 전국 센터의 자체적인 지원 사업을 진행하면서 지역에 한정되어 있지 않다는 것이다.

전국 센터에서도 지자체 자금이 많이 투입되는 사업인 경우는 지자체에 한정되지만, 대부분의 사업이 지자체 한정이 아니므로 전국창조경제혁신센터는 지역별로 있어도 하나의 기관이라고 생각하면 된다.

- 기업마당

　기업마당은 스타트업뿐만 아니라 중견기업 등이 지속적으로 들어가서 확인해야
하는 기업 정보 종합 포털 사이트이다. 기업 운영을 위한 모든 정보가 들어 있고 특히
정부 지원 사업 중심으로 구성되어 있기 때문에 수시로 들어가서 관심 있게 확인하
는 것이 필요하다.

- 테크노파크

　테크노파크는 각 지역별로 분포되어 있고 해당 지역 상위 지자체의 산하 기관이
다. 그러므로 다른 정부 지원 사업과 차별성이 있다. 해당 지역 테크노파크의 사업은

중소기업부터 중견기업까지 다양하게 지원을 펼치고 있으며, 각 지역의 특성에 맞는 사업을 진행하고 있으니 수시로 들어가서 관심 있게 확인하는 것이 필요하다.

- 정보문화산업진흥원

각 지역에서 예비 창업자 및 창업 기업을 대상으로 지원 사업을 진행하고 있으며, ICT, 미디어, 문화 사업 등을 지원하는 기관이다.

- 한국 콘텐츠진흥원

콘텐츠에 대한 모든 것을 지원하는 정부기관이다. VR, AR 콘텐츠 제작, 연극, 영화, 음악 등 콘텐츠와 관련된 모든 것을 지원해 주는 기관이다.

- 소상공인시장진흥공단

소상공인시장진흥공단은 소상공 창업을 준비하는 예비 창업자에게는 창업(로컬크리에이터형, 라이프스타일형, 온라인셀러형 등)할 수 있는 기회를 제공하고, 기존 소상공인들에게는 자금 등을 지원한다.

이와 같이 많은 정부 유관기관들이 예비 창업자 및 창업 기업에 지원하는 사업들이 많다. 여기서 독자가 생각하는 아이템에 맞는 정부 지원 사업을 찾아서 조건을 맞춰 나가면 좋을 것 같다.

2. 정부 사업별 특징 및
성장 단계별 정부 지원 사업

중소기업 및 소상공인을 위한 정부 지원 제도는 정부의 정책 방향과 어우러져 사업비가 나오는 실정이다. 최근 대두되고 있는 로컬크리에이터사업 및 글로컬 등 지역에서 맞춤 로컬사업이 이슈화되고 있다.

- 정부 사업별 특징

최근 정부 사업보다 지방자치단체가 더 친근하게 생각된다.

우리의 실생활에 깊숙하게 들어온 중앙정부와 지방정부의 영향 아래 살고 있다. 정부 지원 사업 역시 같다. 이는, 중앙정부 사업과 지방정부 사업으로 구분된다.

최근 오픈 AI, 탄소산업, ESG, 바이오 등의 큰 이슈는 중앙정부, 지방정부에서 모든 사업을 진행하지 못하기에 이를 수행할 수 있도록 특화된 정부 산하기관이 있다. 기술 개발을 요하는 지원 사업을 중심으로 알아보면 크게 중앙정부와 지방정부로 구분되며, 각 시행기관 사업부별 다양한 정부 개발 지원 사업이 있다. 특수한 기술을 요구하는 사업, 예를 들어 교육부, 방위산업청, 국무조정실, 국정원 등의 기관을 제외하고는 대부분 중소기업 및 소기업에서 지원 가능하다.

크게 중앙정부 사업 중심으로는 아래의 표와 같다.

〈중앙정부 기술 개발 지원 사업〉

중소벤처기업부	**창업 성장, 공정 개선, 중소기업 역량 강화 사업 등 창업, 중소기업의 성장을 지원하기 위한 기술 개발 사업이 주력 사업** 1. 자금 지원 프로그램: 중소기업 및 벤처기업의 자금 조달을 지원하기 위해 대출, 보증, 자본금 지원 등의 프로그램을 운영. 2. 기술 개발 지원: 기업의 기술 혁신 및 연구 개발(R&D) 활동을 지원하기 위해 연구비 지원, 기술 개발 인력 양성 등의 프로그램을 운영. 3. 글로벌 시장 진출 지원: 해외 시장 진출을 희망하는 중소기업과 벤처기업을 위해 수출 지원, 해외진출 세미나 및 국제전시회 참가 지원 등의 프로그램을 운영. 4. 창업 지원: 창업을 희망하는 개인 및 기업에게 창업 기술 인력 양성, 창업 자금 지원, 창업 기업 멘토링 등의 프로그램을 제공하여 창업 활성화를 지원. 5. 인프라 구축 지원: 중소기업 및 벤처기업의 생산 및 경영환경을 개선하기 위해 생산시설 구축, 인프라 구축 등의 지원. 6. 산업 클러스터 지원: 특정 산업 분야에서 중소기업 및 벤처기업의 협력 네트워크를 구축하고 지원하여 산업 클러스터의 경쟁력을 향상시키는 프로그램을 운영. 이 외에도 중소벤처기업부는 정부의 중소기업·벤처기업 관련 정책 수립과 실행, 기업 교육 및 컨설팅, 시장 정보 제공 등의 다양한 활동을 통해 중소기업 및 벤처기업의 발전을 지원하고 있음.
산업통상자원부	**산업, 통상 및 자원 분야에서 다양한 정책을 수립하고 이를 실행하여 국가의 경제 발전과 산업 구조 개선을 촉진하는 역할을 수행.** 1. 산업 지원: 국내 산업의 경쟁력 강화를 위해 다양한 산업 지원 정책을 시행한다. 이는 산업 분야별로 기술 혁신, 생산성 향상, 글로벌 경쟁력 강화를 위한 지원. 2. 통상 정책: 국제 무역 및 통상 관련 정책을 수립하고 이를 추진하여 국가의 국제 경제 활동을 지원한다. 이는 자유무역 협정의 체결 및 유지, 국제 무역 관행의 개선, 국제 시장 진출을 지원하는 무역 협력 및 협상 등을 포함. 3. 자원 관리 및 활용: 자원 부족 문제를 해결하고 국가의 자원을 효율적으로 관리하며 활용하기 위한 정책과 프로그램을 개발하고 실행한다. 이는 에너지, 광물 자원, 식량 등의 자원 관리.

4. 산업 안전 및 품질 관리: 제품의 안전성과 품질 향상을 위한 국가적인 정책 및 감독 체계를 구축하고 운영한다. 이는 제품 안전 규제, 품질 인증 제도, 산업 안전 교육 및 규제 강화 등을 포함.

5. 기업 지원: 국내 기업의 성장과 발전을 지원하기 위해 기술 개발 지원, 수출 지원, 글로벌 시장 진출 지원, 비즈니스 컨설팅 등의 다양한 프로그램을 운영.

6. 국제 협력: 국제적인 협력을 통해 다양한 산업 분야에서의 국제적 파트너십을 강화하고 국제적인 문제에 대한 해결책을 모색.

이러한 활동을 통해 산업통상자원부는 국가의 경제 발전과 산업 구조 개선을 위해 노력하고 있음.

과학기술, 정보통신 분야의 발전을 촉진하고 국가의 경제 성장과 산업 구조 개선을 위해 다양한 정책과 프로그램을 수립하고 실행하는 기관.

1. 과학기술 지원: 기초 및 응용과학기술 연구 개발(R&D)을 지원하고 연구 인프라 구축을 촉진한다. 이는 연구기관 및 대학, 기업 등을 대상으로 한 연구비 지원, 연구 인력 양성 및 교육 프로그램 제공.

2. 기술 혁신 및 창업 지원: 기술 기반 스타트업 창업을 지원하고, 기술 혁신을 위한 기술 이전 및 기술 정보 확산을 촉진한다. 이는 창업 기업에 대한 자금 지원, 기술 멘토링 프로그램, 기술 이전 지원.

3. 정보통신 산업 발전: 정보통신 기술 산업의 발전을 지원하고, 디지털화와 인공지능(AI) 등 신산업 발전을 촉진한다. 이는 ICT 산업의 성장을 위한 정책 및 지원책 마련, 스마트시티 및 사물인터넷(IoT) 기술 적용 지원.

4. 정보 보호 및 사이버 보안: 정보통신 시스템의 안전성과 보안을 강화하기 위한 정책 및 기술 지원을 제공한다. 이는 사이버 보안 교육 및 훈련, 보안 기술 연구 및 개발 지원.

5. ICT 인프라 구축 및 확산: 국가의 정보통신 인프라 구축과 확산을 촉진하고 디지털 격차를 해소하기 위한 정책과 프로그램을 시행한다. 이는 광대역 인터넷망 구축, 지방정부 및 지역사회의 디지털화 지원, 디지털 교육 및 접근성 개선.

6. 국제 협력 및 국제 표준화: 국제적인 기술 협력을 강화하고 국제 표준화를 촉진하여 국내 기술의 국제적인 경쟁력을 향상.

이와 같은 활동을 통해 국가의 과학기술 및 정보통신 분야의 발전을 촉진하고 국가 경제의 성장과 혁신을 지원하고 있음.

과학기술정보통신부

- 지방정부별 특징

〈지방정부 기술 개발 지원 사업〉

테크노파크	각 시·도별 테크노파크
지방정부 진흥원	각 지역 산업진흥원, 경제과학진흥원, 지식산업진흥원, 경제고용진흥원, 경제통상진흥원, 정보문화산업진흥원, 과학기술진흥원, 탄소산업진흥원 등 각종 진흥원

전국 테크노파크와 지방정부 진흥원의 사업은 주로 중소기업 중심의 과제를 다루며, 이러한 과제들의 양상은 대체로 유사하다. 그러나 중앙정부와의 가장 큰 차이는 지방정부 사업이 해당 지역의 기업 중심으로 모집을 하고 있다는 점이다. 이로써 중소기업과 소상공인들이 보다 쉽게 참여할 수 있다. 지방정부 사업은 일반적으로 중소기업과 소상공인을 중심으로 진행된다. 또한, 지방정부 사업은 중앙정부와 지방정부의 기술 개발 과제 이외에도, 각 지역의 기술적 중심지인 창조경제혁신센터에서 다양한 사업이 진행된다. 이를 통해 지역별 특성과 요구에 맞춰 지역 경제의 발전을 도모하고 혁신을 촉진하는 데 기여하고 있다.

- 성장 단계별 지원 사업

모든 기업이 동일한 개발 과제를 제공받는 것은 기회를 제공하는 측면에서 편향될 수 있다. 각기 다른 발전 단계에 있는 기업들은 각기 다른 조건과 요구 사항을 가지고 있기 때문에, 일괄적인 접근은 그들의 다양한 조건을 충족시키지 못할 수 있다.

예비 창업 기업은 초기 단계에 있으며 자금, 기술, 인력 등 다양한 지원이 필요하다. 이러한 기업들은 주로 기술 개발이나 시장 조사 등의 초기 단계의 지원을 필요로 한다. 반면, 이미 일부 사업화를 달성한 기업들은 성장과 확장을 위한 다른 종류의 지원이 필요하다. 이들은 주로 시장 확장, 마케팅 및 브랜딩, 그리고 비즈니스 모델 최적화와 같은 과제에 관심이 있을 것이다.

따라서, 정부나 기타 지원 기관은 기업들의 다양한 조건과 요구 사항에 맞추어 맞춤형 지원 프로그램을 개발해야 한다. 이를 통해 모든 기업이 자신의 상황과 필요에 맞는 지원을 받을 수 있도록 해야 한다. 이는 창업 생태계의 건강한 발전을 촉진하고, 기업의 성공 가능성을 높일 수 있는 중요한 요소다.

예비 창업부터 초기 창업, 성장 단계까지의 여정은 각기 다른 조건을 포함하고 있다. 따라서, 정부는 이러한 다양한 단계를 고려하여 성장에 필요한 적절한 지원을 제공해야 한다. 이를 위해 예비 창업부터 성장 단계까지의 4가지 주요 단계로 구분하여 지원 사업이라고 생각하는 것을 정리해 보았다.

- 예비 창업 단계: 아이디어를 갖고 있는 창업자들을 위한 지원이 필요하다. 이 단계에서는 기술 개발, 시장 조사, 비즈니스 모델 개발 등의 지원이 중요하다.
- 창업 단계: 사업을 시작하고 운영하기 위한 초기 자금과 인프라 구축이 필요하다. 이 단계에서는 자금 조달, 법률 및 규제 준수, 비즈니스 계획 수립 등의 지원이 필요하다.
- 초기 창업 이후 단계: 사업이 안정화되고 성장 가능성이 확인된 기업들을 위한 지원이 필요하다. 이 단계에서는 마케팅 전략 개발, 인력 확보, 운영 프로세스 개

선 등의 지원이 필요하다.

- 성장 단계: 이미 사업화를 달성한 기업들을 위한 지원이 필요하다. 이 단계에서는 시장 확장, 글로벌 진출, 기술 혁신 및 연구 개발 등의 지원이 필요하다.

이렇게 구분된 성장 단계별 지원은 기업이 보다 효과적으로 성장할 수 있도록 도와줄 것이다. 이는 경제적 발전과 기업의 지속 가능한 성장을 촉진할 수 있는 구조라고 생각된다.

이러한 성장 단계별 지원 사업을 통해 기업들은 더욱 효과적으로 성장할 수 있고, 균형 있고 지속 가능한 경제 발전을 이끌어 낼 수 있다.

제품 및 서비스에 대한 아이디어만 보유하고 있는 상태
또는 이와 유사한 상태의 창업을 희망하는 예비 기업을 위한 맞춤 사업

예비 창업

1. 창업 교육 및 컨설팅 프로그램: 예비 창업자들을 위한 창업 교육과 컨설팅 프로그램을 제공하며, 이 프로그램은 기본적인 창업 프로세스 및 관련 지식을 전달하고, 아이디어를 사업으로 구체화하는 방법과 마케팅 전략, 자금 조달 방법 등에 대해 도움을 준다.
2. 아이디어 검증 및 개발 지원: 제품 또는 서비스 아이디어의 타당성을 검증하고, 사업 모델을 개발하는 지원을 제공하며, 이는 시장 조사, 경쟁 분석, 프로토타입 제작 등을 포함.
3. 기술 및 디자인 지원: 제품 개발을 위한 기술적 지원과 디자인 서비스를 제공한다. 예를 들어, 제품의 기능 개발이나 디자인 작업에 필요한 전문가들과 협업하거나, 제품 프로토타입을 제작하는 등의 지원을 받을 수 있음.
4. 마케팅 및 브랜딩 지원: 제품이나 서비스를 시장에 성공적으로 소개하기 위한 마케팅 및 브랜딩 지원을 제공하며, 이는 마케팅 전략 수립, 온라인 및 오프라인 홍보 활동, 브랜드 아이덴티티 구축 등을 포함할 수 있음.

5. 자금 조달 및 투자 유치 지원: 자금 조달에 필요한 정보와 지원을 제공하고, 투자 유치를 위한 커뮤니케이션 및 네트워킹 기회를 제공. 이는 정부 지원 프로그램 및 투자자와의 연결을 통해 이루어질 수 있음.
6. 지역 혹은 산업 클러스터 네트워킹: 해당 지역이나 산업 분야의 클러스터에 참여하여 네트워킹 기회를 제공하고, 비슷한 상황에 처한 다른 창업자들과 경험 공유를 통해 서로의 발전을 돕는 활동을 지원.

이러한 맞춤 사업들은 제품이나 서비스 아이디어를 가진 예비 창업자들이 사업을 성공적으로 시작할 수 있도록 지원하고, 지속적인 성장을 이루어 나갈 수 있도록 지원.

창업 초창기로 시제품을 개발 및 성능 인증 및 시장에 진입하는 기업을 위한 맞춤 사업

1. 기술 개발 지원: 시제품을 개발하기 위한 기술적인 지원을 제공하고, 이는 제품 설계, 프로토타입 제작, 소재 및 구성품 확보 등을 포함할 수 있음.
2. 성능 인증 및 테스트 지원: 제품의 성능을 검증하고 인증을 받기 위한 프로세스를 지원하고, 이는 국내외 인증 기관과의 협력을 통한 테스트 및 평가, 규제 준수를 위한 지원.
3. 시장 조사 및 경쟁 분석: 시제품이나 서비스의 시장 진입을 위해 시장 조사 및 경쟁 분석을 제공하고, 이는 수요 예측, 시장 세그먼트 분석, 경쟁사 분석 등을 포함
4. 마케팅 및 브랜딩 지원: 제품이나 서비스를 성공적으로 시장에 소개하기 위한 마케팅 및 브랜딩 지원을 제공하고, 이는 마케팅 전략 수립, 홍보 캠페인 기획 및 실행, 브랜드 아이덴티티 구축 등을 포함.
5. 자금 조달 및 투자 유치 지원: 초기 개발 및 시장 진입을 위한 자금 조달을 지원하고, 투자 유치를 위한 커뮤니케이션 및 네트워킹 기회를 제공. 이는 투자자와의 연결, 정부 지원 프로그램을 활용한 자금 조달 등을 포함.
6. 비즈니스 모델 개발: 시장 진입 전략과 비즈니스 모델을 개발하는 지원을 제공하고, 이는 수익 모델 구성, 유통 채널 설정, 가격 정책 수립 등을 포함.
7. 법률 및 규제 지원: 국내외 법률 및 규제 준수를 위한 지원을 제공하고, 이는 특허 출원, 규제 요건 준수를 위한 상담 및 지원 등을 포함.

이러한 맞춤 사업들은 창업 초창기 기업이 시제품을 개발하고 시장에 진입하기 위한 필수적인 지원을 제공하여 성공적인 사업화를 지원함.

창업단계

초기 창업

1. 비즈니스 모델 재설계 및 피벗 지원: 기업의 비즈니스 모델을 재설계하고, 새로운 시장 기회를 탐색하며 피벗할 수 있도록 지원하고, 이는 비즈니스 모델 캔버스 작성, 시장 조사 및 경쟁 분석, 비즈니스 피벗 전략 수립 등을 포함.
2. 투자자 매칭 및 자금 조달 지원: 새로운 사업 모델에 대한 투자자를 찾아주고, 자금 조달을 위한 도움을 제공하고, 이는 투자 유치를 위한 투자 프레젠테이션 지원, 투자자와의 매칭 서비스, 정부 지원 프로그램을 활용한 자금 조달 등을 포함.
3. 마케팅 및 브랜딩 재조정: 제품이나 서비스의 마케팅 전략을 재조정하고, 브랜딩 전략을 개선하여 새로운 시장에 다시 진입할 수 있도록 하며, 이는 마케팅 컨설팅, 브랜드 리프레싱, 디지털 마케팅 전략 개발 등을 포함.
4. 기술 개발 및 제품 개선 지원: 제품이나 서비스의 기술적인 부분을 개선하고 발전시킬 수 있도록 기술 개발 지원을 제공하며, 이는 기술적인 멘토링, 기술 개발팀 구성 지원, 기술 혁신을 위한 연구 개발 지원 등을 포함.
5. 비용 절감 및 운영 효율화 지원: 기업의 비용 구조를 재조정하고, 운영 효율을 높일 수 있도록 지원하고, 이는 비용 절감을 위한 전략 수립, 프로세스 개선을 위한 컨설팅, 비용 효율적인 운영을 위한 솔루션 제안 등을 포함.
6. 파트너십 및 네트워킹 지원: 새로운 파트너십을 맺고, 산업 내 협력 네트워크를 구축하여 기업의 경쟁력을 향상시킬 수 있도록 도우며, 이는 파트너십 매칭 서비스, 산업 클러스터 네트워킹 행사 참여 지원 등을 포함.

이러한 맞춤 사업들은 기업이 사업화에 실패하거나 아직 성공을 이루지 못한 상황에서 다시 성장과 발전을 이룰 수 있도록 지원함.

창업 확장

업력 3~7년 이상인 기업으로 제품의 대량 양산을 위한 기술 R&D 및 신제품 기획 개발, 즉시 사업화를 목적으로 하는 기업을 위한 맞춤 사업은 다음과 같다.
1. 기술 R&D 및 생산화 지원: 새로운 제품이나 기술의 대량 양산을 위해 기술 R&D를 진행하고, 생산화를 위한 지원을 제공하며, 이는 생산 공정의 최적화, 효율적인 재료 선택, 생산 라인 구축 등을 할 수 있도록 지원.
2. 시장 진입 전략 개발: 새로운 제품이나 기술을 시장에 성공적으로 소개하기 위한 전략을 개발하며, 이는 시장 조사 및 경쟁 분석, 마케팅 전략 수립, 유통 채널 등을 설정할 수 있도록 지원함.
3. 자금 조달 및 투자 유치 지원: 대량 양산을 위한 자금 조달을 지원하고, 투자 유치를 위한 활동을 도와주며, 이는 투자자와의 연결, 투자 프레젠테이션 지원, 자금 조달 전략 수립 등을 할 수 있도록 지원함.

4. 제품 디자인 및 브랜딩 지원: 대량 양산을 위한 제품 디자인을 개발하고, 브랜딩 전략을 수립하여 제품을 시장에 소개하며, 이는 제품 디자인 개발, 브랜드 아이덴티티 구축, 마케팅 콘텐츠 제작 등을 할 수 있도록 지원함.
5. 글로벌 시장 진출 지원: 제품의 글로벌 시장 진출을 위한 지원을 제공하며, 이는 해외 시장 조사 및 진출 전략 개발, 해외 네트워킹 지원, 수출 프로모션 및 마케팅 활동 등을 할 수 있도록 지원함.
6. 기술 혁신 및 경쟁력 강화: 기술적인 혁신을 통해 제품의 경쟁력을 강화하며, 이는 연구 개발 활동을 지원하고, 기술 혁신을 위한 인센티브를 제공하며, 산업 내 혁신 생태계를 구축하는 등을 할 수 있도록 지원함.
7. 법률 및 규제 지원: 국내외 법률 및 규제 준수를 위한 지원을 제공하며, 이는 특허 출원, 규제 요건 준수를 위한 상담 및 지원, 국제 규제 및 표준 준수 지원 등을 할 수 있도록 지원함.

이러한 맞춤 사업들은 대량 양산을 위한 기술 R&D와 즉시 사업화를 목표로 하는 기업이 제품을 성공적으로 시장에 내놓을 수 있도록 도움이 된다.

창업 기업의 성장 과정은 매우 중요하다. 대부분의 기업은 법적으로 7년을 기준으로 창업 단계에서 성장 단계로 진입한다. 이 기간, 기업은 초기의 사업화 과제를 극복하고, 이후에는 확장과 성장을 위한 다양한 과제에 집중하게 된다.

필자가 생각하기에, 창업 기업이 적절한 지원을 받기 위해서는 그 기업의 성장 단계에 맞는 지원이 필요하다. 이는 기술 개발을 중심으로 한 정부 지원 프로그램이라도 마찬가지다. 성장하는 기업이면서도 현재 규모와 단계에 맞는 지원을 받는 것이 중요하다.

하지만, 때로는 회사의 규모나 성장 단계에 맞지 않는 과제를 선택하는 것도 발전에 도움이 될 수 있다. 이는 새로운 도전과 경험이 되어 기술력과 시장 진출에 대한 부분을 확장시킬 수 있다. 물론, 이는 어려운 결정일 수 있으며, 선택과 집중을 중요히 여기고 사업화하는 것을 권한다.

책을 쓰는 입장에서 이러한 과정과 결정에 대해 다양한 측면에서 탐구하고 설명할 수는 없지만, 이를 통해 독자분들이 자신의 기업이나 사업에 대한 올바른 결정을 내리고 정부 지원 사업의 방향을 잡을 수 있으면 좋겠다.

예비 창업	선도벤처연계 기술창업 민관공동창업자 발굴육성 스마트벤처캠퍼스 여성벤처창업케어프로그램 예비창업패키지 신사업사관학교 청년창업사관학교
창업 단계	청년창업사관학교 초기창업패키지 재도전 패키지 지원사업
초기 창업	창업도약패키지 창업성장기술개발과제(R&D) 프리팁스(시드트랙or지역트랙)
창업 확장	포트트팁스(R&D과제 성공판정) 민관 투자프로그램 글로벌 지원사업 글로벌 수출지원사업

〈필자가 생각하는 예비 창업부터 확장까지 정부 지원 사업을 받을 수 있는 사업명〉

위와 같이 중앙정부와 지방정부의 기술 개발 관련 지원 사업에 대해서 살펴보았는데, 위 정부 지원 사업과 관련하여 창업 기준도 중요하다.

참고 3 　창업여부 기준표

구분	상세구분			창업여부
개인기업	창업(사업을 개시한 날부터) 7년 이내			창업 기본요건
	타인으로부터 상속/증여	기존 사업과 동종의 사업 개시		창업아님
		이종		창업
	기존 개인사업자 유지	-		창업아님
	기존 개인사업자 폐업	이종창업	-	창업
		동종창업	폐업 3년 초과	창업
			폐업 3년 까지	창업아님
			부도/파산 - 2년 초과	창업
			부도/파산 - 2년 까지	창업아님
	기존 법인사업자 유지 또는 폐업	-		창업
법인기업	창업(사업을 개시한 날부터) 7년 이내			창업 기본요건
	기존 개인사업자 폐업	이종창업	-	창업
		동종창업	폐업 3년 초과	창업
			폐업 3년 까지	창업아님
			부도/파산 - 2년 초과	창업
			부도/파산 - 2년 까지	창업아님
		동종전환	포괄양수도 계약에 의한 법인전환	개인사업자의 창업자 지위승계
	기존 개인사업자 유지	이종창업	-	창업
		동종창업	단독 또는 친족과 합하여 의결권 있는 발행주식 총수의 50% 초과 또는 최대주주	창업아님
			단독 또는 친족과 합하여 의결권 있는 발행주식 총수의 50% 이하이면서 최대주주 아님	창업
	자회사 여부	법인주주(임원 포함)가 의결권 있는 발행주식 총수의 50% 초과 소유		창업아님
	과점주주 여부	다른 법인의 과점주주가 발행주식 총수 또는 출자총액의 50% 초과 소유		창업아님
	회사형태 변경	동종유지		창업아님
		이종		창업

〈출처: 중소벤처기업부, 중소벤처기업부에서 인정하는 창업기준표〉

　　정부에서는 창업을 지원하는 다양한 프로그램들을 운영하고 있다. 이러한 프로그램들은 명확한 기준과 자격 요건을 가지고 있으며, 창업자들이 필요한 지원을 받을 수 있도록 도와준다.

　　예를 들어, 기존 사업자나 폐업 이력이 있는 예비 창업자들이 지원을 받기 위해서는 정부의 지원 프로그램에 대한 자세한 정보를 파악해야 한다. 이를 통해 자신의 상황에 맞는 프로그램을 선택하고, 지원을 받기 위한 절차와 자격 요건을 확인할 수 있다. 또한, 각종 지원 프로그램들은 다양한 목적과 분야에 맞게 설계되어 있다. 예를 들면 기술 개발, 마케팅 지원, 자금 지원 등 다양한 형태의 지원이 제공될 수 있다. 따라서 자신의 사업 아이템이나 필요에 맞게 적절한 지원 프로그램을 선택하는 것이 중요하다.

이를 위해 정부의 지원 프로그램에 대한 정보는 해당 정부 기관이나 온라인 포털 등을 통해 확인할 수 있으며, 필요한 경우 관련 기관에 문의하여 상세한 안내를 받을 수도 있다. 이를 통해 창업자들은 더 효율적으로 지원을 받고 사업을 성공적으로 시작할 수 있을 것이다.

Chapter VII

사업계획서 작성

1. 사업계획서란?

2. 사업계획서 어디에 필요할까?

   – 투자 유치

   – 대출 확보

   – 사업 운영

   – 파트너 유치

   – 사업 매각

3. 사업계획서 작성 시 주의사항

   – 명확하고 간결하게 작성

   – 현실적이고 달성 가능한 목표 설정

   – 시장 분석 및 경쟁 전략

   – 재무 예측

   – 경험과 역량 있는 경영진

   – 전문가의 도움 활용

   – 지속적인 검토 및 수정

1. 사업계획서란?

간단히 말해, 사업계획서는 당신의 사업 아이디어를 구체적인 계획으로 정리한 문서다. 마치 건축 설계도처럼, 사업의 목표, 전략, 실행 계획, 재무 예측 등을 명확하게 제시함으로써 사업의 성공 가능성을 높이고, 투자자를 유치하며, 사업 운영 과정에서 방향을 제시하는 역할을 한다.

사업계획서의 주요 내용은 다음과 같다.

- 사업 개요: 사업의 목적, 제품 또는 서비스, 주요 고객층, 경쟁 우위 요소 등을 간략하게 설명한다.
- 시장 분석: 목표 시장의 규모, 성장률, 주요 경쟁사, 고객 트렌드 등을 분석한다.
- 마케팅 전략: 제품 또는 서비스를 어떻게 홍보하고 판매할지를 구체적인 계획으로 제시한다.
- 운영 계획: 제품 또는 서비스를 생산하고 제공하기 위한 계획을 세운다.
- 재무 예측: 사업 운영에 필요한 비용과 예상 수익을 예측한다.
- 경영진: 사업을 운영할 팀원들의 역량과 경험을 소개한다.

---

2. 사업계획서 어디에 필요할까?

- 투자 유치

투자자에게 사업의 매력도와 실현 가능성을 제시하여 투자를 유치하는 데 가장 중요한 역할을 한다. 투자자들은 사업계획서를 통해 사업의 수익성, 경쟁력, 경영진의 역량 등을 평가하고 투자 결정을 내린다. 벤처캐피탈, 엔젤투자자, 금융기관 등 다양한 투자자를 유치하는 데 활용할 수 있다.

- 대출 확보

은행 등 금융기관에서 대출을 받을 때 사업계획서를 제출해야 한다. 사업계획서는 사업의 안정성과 수익성을 보여 줌으로써 대출 확보 가능성을 높여 준다. 금융기관은 사업계획서를 통해 사업의 위험성을 평가하고 대출 조건을 결정한다.

- 사업 운영

사업을 운영하는 과정에서 발생하는 문제점을 분석하고 개선하는 데 활용할 수 있다. 사업계획서를 통해 현실과의 괴리를 파악하고, 보다 효율적인 사업 운영 방안을 마련할 수 있다. 목표 달성 여부를 평가하고, 필요에 따라 사업 계획을 수정 및 보완할 수 있다.

- 파트너 유치

공동 창업자, 전략적 파트너, 협력업체 등을 유치하는 데 활용할 수 있다. 사업계획서는 파트너들에게 사업의 매력도와 비전을 제시하는 데 도움이 된다. 파트너들과의 협력 방안을 논의하고, 역할과 책임을 분담하는 데 활용할 수 있다.

- 사업 매각

사업을 매각할 때 구매자에게 사업의 가치를 제시하는 데 활용할 수 있다. 사업계획서는 사업의 재무 상태, 성장 가능성, 경쟁 우위 요소 등을 명확하게 보여 줌으로써 사업 매각 가격을 높이는 데 도움이 된다.

이 외에도 사업계획서는 다음과 같은 다양한 상황에서 활용될 수 있다.

- 정부 지원 사업 신청

- 기업 경영진 평가

- 사업 아이디어 검증

- 사업 홍보 및 마케팅

사업계획서는 창업 성공의 중요한 도구이다. 사업계획서를 작성하고 활용함으로써 사업의 성공 가능성을 높일 수 있다.

3. 사업계획서 작성 시 주의사항

- 명확하고 간결하게 작성

사업계획서는 투자자나 사업 관계자들이 쉽게 이해할 수 있도록 명확하고 간결하게 작성해야 한다. 전문 용어는 최대한 피하고, 핵심 내용을 중심으로 작성한다. 불필요한 정보나 장황한 설명은 피하고, 요점을 명확하게 제시해야 한다.

- 현실적이고 달성 가능한 목표 설정

사업계획서에 제시된 목표는 현실적이고 달성 가능한 수준이어야 한다. 너무 높거나 비현실적인 목표는 오히려 투자자들의 의심을 불러일으킬 수 있다. 목표 달성을 위한 구체적인 전략과 실행 계획을 함께 제시해야 한다.

- 시장 분석 및 경쟁 전략

목표 시장의 규모, 성장률, 주요 경쟁사 등을 정확하게 분석하고 제시해야 한다. 경쟁사 대비 자사의 강점과 차별성을 명확하게 제시한다. 시장 트렌드를 반영하고, 변화에 유연하게 대응할 수 있는 전략을 마련해야 한다.

- 재무 예측

사업 운영에 필요한 비용과 예상 수익을 정확하게 예측해야 한다. 투자자들은 재무 예측을 통해 사업의 수익성을 평가하기 때문에 현실적인 수치를 제시해야 한다. 다양한 상황을 대비한 민감도 분석을 함께 제시하면 좋다.

- 경험과 역량 있는 경영진

사업을 운영할 경영진의 경험과 역량을 명확하게 제시해야 한다. 투자자들은 경영진의 능력을 평가하여 사업 성공 가능성을 판단한다. 각 구성원의 역할과 책임을 명확하게 제시하고, 핵심 인력의 확보 계획을 제시한다.

- 전문가의 도움 활용

사업계획서 작성에는 전문가의 도움을 활용하는 것이 좋다. 회계사, 법률 전문가, 컨설턴트 등의 도움을 통해 전문적인 조언을 받을 수 있다. 특히, 법률적인 문제나 재무 예측 부분은 전문가의 도움을 필수적으로 받아야 한다.

- 지속적인 검토 및 수정

사업계획서는 사업 상황 변화에 따라 지속적으로 검토하고 수정해야 한다. 목표 달성 여부를 평가하고, 필요에 따라 사업 계획을 수정 및 보완한다. 시장 상황이나 경쟁 환경 변화를 반영하여 유연하게 대응할 수 있도록 한다.

위의 내용들을 참고하여 사업계획서를 작성하면 사업 성공 가능성을 높일 수 있을 것이며, 추가적으로 다음과 같은 사항에도 유의해야 한다.

- 사업계획서의 양은 20~30페이지 정도가 적당하다.
- 사업계획서는 깔끔하고 보기 쉬운 디자인으로 작성한다.
- 표, 그래프, 도표 등을 활용하여 내용을 시각적으로 표현한다.
- 핵심 내용은 강조하여 표현하고, 중요한 수치는 눈에 잘 띄도록 한다.
- 맞춤법과 문법을 꼼꼼하게 검토한다.

예비창업패키지 사업계획서 양식

창업사업화 지원사업 사업계획서 작성 목차

항목	세부항목
☐ 신청현황	- 사업 관련 상세 신청현황
☐ 일반현황	- 대표자 및 창업기업의 일반현황
☐ 개요(요약)	- 창업아이템의 명칭·범주 및 소개, 문제인식, 실현가능성, 성장전략, 팀구성 요약

항목	세부항목
1. 문제인식 (Problem)	**1-1. 창업아이템 배경 및 필요성** - 제품·서비스를 개발/개선하게 된 내부적, 외부적 동기 등 - 제품·서비스 개발/개선의 필요성과 문제점에 대한 해결 방안, 개발/개선 목적 등 - 내·외부적 동기, 필요성 등에 따라 도출된 제품·서비스의 유망성(성장가능성) **1-2. 창업아이템 목표시장(고객) 설정 및 요구사항 분석** - 제품·서비스 개발/개선 배경 및 필요성에 따라 정의된 목표시장(고객) 설정 - 정의된 목표시장(고객) 규모, 경쟁 강도, 기타 특성 등 주요 현황 - 정의된 목표시장(고객) 요구사항에 대한 조사·분석 결과 및 객관적 근거 등
2. 실현가능성 (Solution)	**2-1. 창업아이템의 개발/개선 준비현황** - 사업 신청 시점의 제품·서비스의 개발단계(현황) 등 - 사업 신청 시점의 실적 및 성과, 목표시장(고객) 반응 등 **2-2. 창업아이템의 실현(개선/개발) 및 구체화 방안** - 제품·서비스에 대한 개발·개선 방안 등 - 목표시장(고객)의 요구사항 분석(문제점)에 대한 개선/대응 방안 등 - 보유역량 기반 경쟁사 대비 제품·서비스 차별성, 경쟁력 확보방안 등
3. 성장전략 (Scale-up)	**3-1. 창업아이템의 비즈니스 모델 및 사업화 추진성과** - 제품·서비스의 수익 창출을 위한 비즈니스 모델 등 - 정의된 목표시장(고객) 진입 현황 및 사업화 실적 및 성과(매출, 투자, 고용) 등 **3-2. 창업아이템 시장 진입 등 사업화 전략** - 정의된 목표시장(고객) 내 입지, 고객 확보 전략 및 수익화(사업화 전략) - 협약 기간 내 사업화 성과 창출 목표(매출, 투자, 고용 등) - 협약 종료 후 시장 진입을 통한 성과 창출 전략 등 **3-3. 사업 추진 일정 및 자금 운용 계획** - 전체 사업 단계 및 협약기간 내 목표와 이를 달성하기 위한 상세 추진 일정 - 사업 추진에 필요한 정부지원금/본인부담금(대응자금) 집행계획 등 - 정부지원금 외 본인부담금(대응자금), 투자유치 등 구체적인 계획 및 전략
4. 기업 구성 (Team)	**4-1. 기업구성 및 보유역량** - 대표자가 보유하고 있는 창업 아이템 실현(구체화) 및 성과 창출 역량 등 - 기업의 창업아이템 관련 역량, 재직 인력 현황 및 추가 인력 고용계획 등 - 업무파트너(협력기업)의 현황 및 역량, 활용방안 등 **4-2. 중장기적 ESG 경영 도입계획** - 지속가능한 기업 경영을 위한 환경, 사회, 지배구조(ESG) 경영 도입계획 등 - 기업 경영 시 사회적 책임, 조직문화, 환경보호 등 세부 도입 노력 등
5. AI헬스케어 역량	**5-1. 제품·서비스의 AI헬스케어 관련성** - 제품·서비스의 헬스케어 분야와의 관련성 및 AI기술의 접목정도 등 헬스케어 분야 여부 및 AI기술 활용 여부 **5-2. 광주광역시 AI헬스케어 인프라 활용성** - 광주광역시 헬스케어 및 AI 인프라의 활용현황 및 계획과, 향후 광주광역시 헬스케어 및 AI 관련한 지역경제활성화 계획 등 **5-3. AI헬스케어 기업 전문성** - 기업의 AI헬스케어 기술 이해도 및 전문지식과, 접목정도 등 - AI헬스케어 관련 데이터 활용성과 알고리즘 개발, 딥러닝모델 개발 등 기술역량

예시

□ 사업화 과제 개요 (요약)

'나도랑게' 광주/전남 농·어촌·문화체험 통합앱 (라이브커머스+AI기반)	
사업화 과제 소개	- K 관광 중심지로 도약을 위한 전남 관광객 유치 - 광주/전남 농어촌체험 예약+결제+리뷰 통합 플랫폼 - 라이브커머스 송출로 소비자에게 더욱 신뢰감 형성 및 결제유도 - 가족/커플/홀로/애견과함께 소비중에 따른 체험장 소개 - 지역내 관광객 유치 및 지역경제 활성화 - 보고 맛보는 관광에서 직접 참여하고 느끼는 관관으로 - 지역내 특산품 연계 판매 (체험장에서 판매하는 상품도 등록) - 지역 활성화 원스톱 통합 정보제공 - 라이브커머스 영상 송출 후 유튜브/틱톡 동시 업로드 (제작비용 감소 효과)
사업화 과제 차별성	- 체험 예약 가능한 웹페이지 제작 완료 - 라이브커머스 촬영 가능한 장비 구비 완료 - 라이브커머스 촬영 관련 스튜디오 계약 (회사소유) - 네이버스토어 운영 (새싹등급으로 라이브송출 가능)
국내외 목표시장	- K 관광 중심지로 도약을 위한 전남 관광객 유치
사업기간내 성과달성목표	전남 농어촌 체험 업체 60여곳 협약 계획 앱 어플개발 (위지기반+AI기능) 농어촌 체험 관련 '나도랑게' 유튜브/틱톡 채널개설 및 홍보 전남특상품 온라인 판매 지역내 축제장 라이브커머스로 송출 (10곳)
이미지	 <전남 농어촌체험 통합브랜드 '나도랑게' 로고> <업사이클뮤직센터 오픈 연주회 라이브커머스 송출> <도자기체험/전통주만들기 체험권 라이브커머스 제작 및 송출 > <렌탈 스튜디오 운영>

4. 중요 체크 포인트

- 핵심 질문부터 시작하라!

왜 이 아이템을 만들게 되었나?
어떤 문제를 해결하고자 하는가?
누가 이 아이템을 필요로 하는가?
왜 경쟁 제품보다 나은가?

위 질문들에 명확하게 답변하는 것은 성공적인 사업계획서 작성의 첫걸음이다.

- 문제점 제시

목표 시장에서 존재하는 심각한 문제점을 명확하게 제시한다.
문제점의 심각성을 수치나 사례를 통해 구체적으로 보어 주며, 기존 해결 방식의 한계점을 지적하고, 개선점을 제시한다.

- 고객 니즈 파악

누가 이 문제점으로 어려움을 겪고 있는지 명확하게 정의한다.

고객의 니즈와 요구를 정확하게 파악하고 제시, 고객의 목소리를 직접 인용하여 생생하게 표현한다.

(예상 고객 A를 잡고 생활 수준/ 소비 금액/ 소비 상황/ 소비 절차 등의 자세한 예시를 들면 100줄의 글보다 설득력이 높다.)

- 경쟁사 분석

주요 경쟁사를 선정하고, 각 경쟁사의 제품 또는 서비스를 분석한다.

경쟁사의 강점과 약점을 명확하게 제시, 자사 제품 또는 서비스가 경쟁사 대비 어떤 차별점을 가지고 있는지 명확하게 제시한다.

(자사 vs 경쟁사 A vs 경쟁사 B) 특징을 나누어서 상/중/하, 1~5점 점수화 비교표를 넣는다면 이해가 더 쉬울 것이다.)

- 솔루션 제시

자사 아이템이 어떻게 문제점을 해결하고 고객 니즈를 충족시키는지 명확하게 설명한다.

핵심 기능과 차별화된 요소를 강조한다. 그리고 제품 또는 서비스의 작동 방식을 간단하게 설명한다.

- 시장 규모 및 성장 가능성

목표 시장의 규모를 정확하게 제시하고, 성장 가능성을 분석한다.

시장 트렌드를 반영하여 시장 규모 변화를 예측한다.

자사 아이템이 시장에서 어떤 점유율을 차지할 수 있는지 제시한다(카페를
예시로 들자면 국내 카페 시장 규모 – 광주광역시내 카페 시장 규모 - 금호동 카페 시장).

시장 규모는 작은 데에서 점점 크게 성장 가능성을 확대시킨다.

- 성공 사례 제시

유사한 아이템으로 성공한 사례가 있다면 소개/성공 사례를 통해 자사
아이템의 실현 가능성을 제시한다.

소비자들의 긍정적인 반응을 보여 주는 리뷰나 평가를 인용한다.

ex) 설문지 및 체크 리스트를 활용한 제시

- 명확하고 설득력 있는 문장

간결하고 명확한 문장을 사용하여 투자자들의 이해를 돕는다.

데이터, 통계, 그래프 등을 활용하여 주장을 뒷받침해야 하며, 전문 용어
는 최대한 피하고, 쉽게 이해할 수 있는 용어를 사용해야 한다.

- 시각 자료 활용

　표, 그래프, 도표, 이미지 등 시각 자료를 활용하여 내용을 보여 준다. 시각 자료는 내용을 명확하게 전달하고 이해를 돕는 데 매우 효과적이다. 다만 시각 자료에 대한 근거와 출처 등을 정확히 밝히며, 주의 깊게 선택하고 배치하여 시각적 효과를 극대화한다.

- 타당성 검증

　작성된 배경 및 필요성 내용이 타당한지, 아이템에 따라 검증이 필요하다. 사업 아이템과 관련된 분야의 전문가나 멘토의 의견을 구한다. 또한 목표 고객을 대상으로 설문 조사를 진행한다.

　'돌다리도 두드려 보고 가라!'라는 말처럼 사업 시작 전 타당성 검증은 사업 후 리스크를 잡아 준다!

- 지속적인 수정 및 보완

　시장 상황이나 경쟁 환경 변화에 따라 내용을 지속적으로 수정하고 보완해야 한다. 최신 정보를 반영하고, 새로운 사례를 추가하여 사업에 대한 최신 정보의 상태를 유지하길 추천한다.

　이 외에도 다음과 같은 사항들을 참고하면 더욱 효과적인 배경 및 필요성 작성이 가능하다.

5. 문제 인식(Problem)

- 창업 아이템 배경 및 필요성

※ 창업 아이템(제품·서비스) 개발·구체화 배경과 이를 뒷받침할 근거, 동기 등을 제시

- 외부적 배경 및 동기(예: 사회·경제·기술적 관점, 국내·외 시장의 문제점·기회 등)

- 내부적 배경 및 동기(예: 대표자 경험, 가치관, 비전 등의 관점)

※ 배경에서 발견한 문제점과 해결 방안, 필요성, 제품·서비스를 개발·구체화 하려는 목적 기재

---

❶ 창업 아이템 배경

- 아이템 탄생 배경: 어떤 계기로 이 아이템을 생각하게 되었는지 구체적인 스토리를 담는다. 개인적인 경험, 시장의 변화, 사회 문제 해결 등 다양한 배경을 제시할 수 있다.
- 시장 분석: 타깃 시장의 규모, 성장 가능성, 트렌드 등을 분석하여 시장의 매력도를 보여 준다.
- 경쟁 환경 분석: 경쟁 업체들의 현황, 강점과 약점을 분석하여 나의 아이템이 차별화되는 부분을 명확히 한다.

❷ 창업 아이템 필요성
- 문제점 제시: 나의 아이템이 해결하고자 하는 시장의 문제점을 구체적인 데이터나 사례를 들어 설명한다.
- 해결책 제시: 나의 아이템이 어떻게 문제점을 해결할 수 있는지 구체적인 방법을 제시한다. 기존의 해결책과 비교하여 어떤 차별점이 있는지 강조한다.
- 고객 가치: 나의 아이템이 고객에게 제공하는 가치를 명확하게 제시한다. 고객의 삶의 질 향상, 비용 절감, 편의성 증대 등 다양한 가치를 제시할 수 있다.
- 사회적 가치: 나의 아이템이 사회에 기여할 수 있는 부분을 강조한다. 일자리 창출, 환경 보호, 사회적 약자 지원 등 사회적 가치를 창출하는 아이템이라면 더욱 어필할 수 있다.

❸ 작성 시 주의사항
- 구체적인 데이터 제시: 가능한 한 구체적인 데이터를 제시하여 신뢰성을 높인다. 시장 조사 결과, 통계 자료 등을 활용한다.
- 차별성 강조: 경쟁사와 비교하여 나의 아이템만의 차별점을 명확하게 제시한다.
- 간결하고 명확하게: 복잡한 문장보다는 간결하고 명확한 문장으로 작성하여 평가위원들이 쉽게 이해할 수 있도록 한다.
- 스토리텔링: 단순히 정보를 나열하는 것이 아니라, 스토리텔링을 통해 설득력을 높인다.

〈작성 예시〉
❶ 창업 아이템 배경
전라남도의 풍부한 농어촌 자원을 활용하여 도시민들에게 다양한 체험 기회를 제공하고, 지역 경제 활성화에 기여하고자 합니다. 특히, 코로나19 팬데믹 이후 비대면 문화가 확산되면서, 온라인 플랫폼을 통한 농어촌 체험에 대한 수요가 증가하고

있습니다. 이러한 시대적 요구에 발맞춰 전라남도의 다양한 농어촌 체험 프로그램을 한곳에 모아 정보를 제공하고, 예약 시스템을 구축하여 편의성을 높이고자 합니다.

❷ 창업 아이템 필요성

• 문제점

전라남도의 다양한 농어촌 체험 프로그램 정보가 분산되어 있어 소비자들이 쉽게 찾기 어려움

온라인 예약 시스템 부재로 인해 불편함을 느끼는 소비자 증가

지역 농어촌의 소득 증대와 관광 활성화를 위한 체계적인 플랫폼 부재

• 해결책

전라남도 내 모든 농어촌 체험 프로그램 정보를 한곳에 모아 통합적으로 제공

온라인 예약 시스템 구축을 통해 소비자 편의성 증대

지역 농어촌과의 협력을 통해 프로그램 개발 및 운영 지원

• 고객 가치

소비자: 다양한 농어촌 체험 프로그램을 쉽게 찾고 예약 가능

농어촌: 안정적인 수입 확보 및 관광객 유치, 지역 경제 활성화

지자체: 지역 브랜드 가치 향상 및 관광객 유치를 통한 지역 경제 활성화

• 사회적 가치

도시민과 농촌 주민 간의 교류 증진

지역 농산물 소비 촉진

농촌 지역의 지속 가능한 발전에 기여

❸ 차별성

- 통합 플랫폼: 기존의 개별적인 농촌 체험 프로그램 정보를 한곳에 모아 통합
  적으로 제공하여 소비자의 편의성을 극대화

- 맞춤형 추천 시스템: 사용자의 관심사와 선호도를 분석하여 맞춤형 체험 프로
  그램을 추천

- 온라인 결제 시스템: 안전하고 편리한 온라인 결제 시스템을 구축하여 예약
  과정을 간소화

- 지역 특산물 연계: 지역 특산물 판매 기능을 연동하여 지역 경제 활성화에 기여

- 창업 아이템 목표 시장(고객) 현황 분석

※ 제품·서비스 개발·구체화 배경 및 필요성에 따라 정의된 시장(고객)에 대해
  제공할 혜택(가치)과 그 행위(가치)를 제공할 세부 목표 시장(고객)을 설정

※ 진출하려는 시장의 규모·상황 및 특성, 경쟁 강도, 향후 전망(성장성), 고객
  특성 등 기재

창업 아이템의 성공 여부는 얼마나 정확하게 목표 시장을 설정하고 분석
하느냐에 크게 좌우된다. 목표 시장 분석은 단순히 고객의 수를 파악하는
것을 넘어, 고객의 니즈, 행동, 특성 등을 심층적으로 이해하는 과정이다.

❶ 목표 시장 정의

- 구체적인 고객층 설정: 나이, 성별, 직업, 소득 수준, 관심사, 거주 지역 등 다
  양한 기준으로 고객을 세분화하여 구체적인 목표 시장을 설정한다.

- 고객 아바타 생성: 목표 고객의 특징을 가상의 인물로 만들어 보는 것이다. 이를 통해 고객의 생각과 행동을 더욱 생생하게 이해할 수 있다.

❷ 시장 규모 및 성장 가능성 분석
- 시장 규모: 목표 시장의 현재 규모와 향후 성장 가능성을 분석한다. 관련 통계 자료, 시장 조사 보고서 등을 활용한다.
- 경쟁 환경 분석: 경쟁 업체의 현황, 시장 점유율, 강점과 약점을 분석하여 자사의 경쟁 우위를 확보할 수 있는 방안을 모색한다.

❸ 고객 니즈 분석
- 설문 조사: 설문 조사를 통해 고객의 니즈, 불만족스러운 점, 기대하는 서비스 등을 직접적으로 파악한다.
- 인터뷰: 잠재 고객과의 인터뷰를 통해 심층적인 정보를 얻을 수 있다.
- 관련 커뮤니티 분석: 온라인 커뮤니티나 SNS에서 고객들의 의견을 수집하고 분석한다.

❹ 구매 행동 분석
- 구매 결정 과정: 고객이 제품이나 서비스를 구매하기까지 거치는 단계를 분석한다.
- 구매 채널: 어떤 채널을 통해 제품이나 서비스를 구매하는지 분석한다.
- 구매 빈도: 구매 빈도를 분석하여 고객 충성도를 파악한다.

❺ 고객 세분화(Segmentation)
- 지리적 세분화: 지역별 특성에 맞는 마케팅 전략 수립

- 인구통계학적 세분화: 나이, 성별, 소득 등을 기준으로 세분화
- 심리적 세분화: 라이프스타일, 가치관 등을 기준으로 세분화
- 행동적 세분화: 구매 행동, 브랜드 충성도 등을 기준으로 세분화

❻ 목표 시장 분석 결과 활용
- 마케팅 전략 수립: 목표 시장에 맞는 효과적인 마케팅 전략 수립
- 제품/서비스 개발: 고객의 니즈를 반영한 제품/서비스 개발
- 판매 채널 선정: 적합한 판매 채널 선정
- 가격 전략 수립: 경쟁사와 차별화된 가격 전략 수립

〈작성 예시〉

❶ 목표 시장: 도시 거주 30대~50대 가족, 자녀를 둔 부모, 건강과 자연을 중시하는 소비자

❷ 시장 규모: 국내 농촌 체험 관광 시장 규모, 전라남도 농촌 체험객 수 등 관련 통계 자료 분석

❸ 경쟁 환경: 기존 농촌 체험 여행사, 지역 관광청 등과의 경쟁 분석

❹ 고객 니즈: 편리한 예약 시스템, 다양한 체험 프로그램, 안전하고 깨끗한 환경, 교육적인 체험 등

❺ 구매 행동: 온라인 검색, SNS 정보 탐색, 가족 단위 여행, 가성비 중시

❻ 세분화: 가족 여행객, 커플 여행객, 개인 여행객 등

목표 시장 분석 결과를 바탕으로 다음과 같은 마케팅 전략을 수립할 수 있다.

❶ SNS 마케팅: 인스타그램, 페이스북 등을 활용하여 아름다운 농촌 풍경과 체험 프로그램을 홍보

❷ 인플루언서 마케팅: 농촌 체험 관련 인플루언서와 협업하여 체험 후기를 제공

❸ 키즈 마케팅: 아이들을 위한 교육적인 체험 프로그램 개발 및 홍보

❹ 패키지 상품 개발: 다양한 체험 프로그램을 결합한 패키지 상품 개발

6. 실현 가능성

- 창업 아이템 현황(준비 정도)

※ 제품·서비스의 필요성에 대한 문제를 인식하고, 해당 제품·서비스 개발·구체화 등을 위해 본 사업에 신청하기 이전까지 기획, 추진한 경과(이력) 등에 대해 기재

※ 사업 신청 시점의 제품·서비스 개발·구체화 현황, 목표한 시장(고객)의 반응, 현재까지의 주요 정량, 정성적 성과 등 전반적인 현황 기재

- 창업 아이템 실현 및 구체화 방안

※ 목표 시장(고객) 분석을 통해 파악된 문제점 및 개선점에 대해 핵심 기능·성능, 디자인, 기타 사업화 활동 등 구체적인 개발 또는 구체화 방안 등 기재

※ 기존 시장 내 경쟁 제품·서비스와의 비교를 통해 파악된 문제점, 개선사항에 대해 경쟁력, 차별성 등을 확보할 수 있는 자사의 보유 역량 등 기재

❶ 실현 및 구체화 방안 작성 시 주의할 점

- 구체적인 실행 계획: 단순히 아이디어를 제시하는 것이 아니라, 구체적인 실행 계획을 제시해야 한다.
- 현실성: 현실적으로 실행 가능한 계획을 수립해야 한다.
- 측정 가능한 목표 설정: 달성 여부를 측정할 수 있는 구체적인 목표를 설정해야 한다.
- 리스크 관리: 예상되는 위험 요소를 미리 파악하고 대응 방안을 마련해야 한다.

정부 지원 사업 평가 시, 실현 가능성과 사업의 성장 가능성을 높게 평가한다. 따라서 구체적이고 명확한 실행 계획을 제시하는 것이 중요하다.

〈작성 예시〉

* 전라남도 농어촌 체험 통합 플랫폼 예시

- MVP 개발: 간단한 웹사이트를 통해 몇 가지 인기 있는 농촌 체험 프로그램을 소개하고 예약 기능을 제공
- 플랫폼 고도화: 사용자 인터페이스 개선, 다양한 체험 프로그램 추가, 결제 시스템 연동, 지역 특산물 판매 기능 추가
- 마케팅: SNS, 블로그, 지역 언론을 활용한 홍보, 여행사와의 제휴, 지역 축제 참여
- 파트너십 구축: 농가, 지역 관광청, 여행사 등과의 파트너십 구축
- 수익 모델: 이용 수수료, 광고, 지역 특산물 판매 수수료 등

7. 성장전략(Scale-up)

- 창업 아이템 비즈니스 모델

※ 개발·구체화하고자 하는 제품·서비스의 수익 창출을 위한 비즈니스 모델 구축 전략

〈작성 예시〉

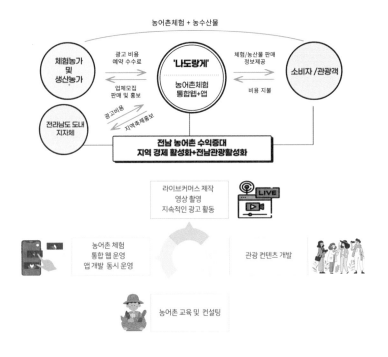

- 창업 아이템 사업화 추진 전략

※ 정의된 목표 시장(고객)에 진출하기 위한 구체적인 고객 확보, 수익 창출 전략

※ 정의된 목표 시장(고객)에 진출하기 위한 구체적인 생산 및 출시 방안 등

※ 협약 기간 내 달성하고자 하는 사업화 성과(매출, 투자, 고용 등) 기재

※ 협약 기간 종료 이후 사업 지속을 위한 구체적인 생존율 제고 방안 수립

〈작성 예시〉

분야	산출근거	금액(원)
체험상품 판매 수수료	• 판매 수수료 (10%) 월평균 300만원	30,000,000
농산물 판매 수수료	지역내 농산물 공동구매	10,000,000
라이브커머스 제작대행	• 전남 제조상품/농어촌 체험농가/농산물생산자 라이브커머스 제작 제작단가 100만원*50여곳 • 지역 축제 홍보 라이브 200만원 *10곳	70,000,000
광고수익	• 지역 축제 홍보/배너광고 50만원*20개	10,000,000
전문컨설팅	• 제조기업/농어촌 생산자	20,000,000
합 계		140,000,000

< 24년도 예상매출 세부내역서 >

- 사업 추진 일정 및 자금 운용 계획

❶ 사업 전체 로드맵

※ 전체 사업 단계에서 추진하고자 하는 종합적인 목표 및 추진 일정 등 기재

〈 사업 추진 일정(전체 사업 단계) 〉

순번	추진 내용	추진 기간	세부 내용
1	시제품 설계	00년 상반기	시제품 설계 및 프로토타입 제작
2	시제품 제작	00.00 ~ 00.00	외주 용역을 통한 시제품 제작
3	정식 출시	00년 하반기	신제품 출시
4	신제품 홍보 프로모션 진행	00.00 ~ 00.00	OO, OO 프로모션 진행
...			

왜 사업 전체 로드맵이 필요할까?

- 명확한 목표 설정: 사업의 최종 목표를 명확히 하고, 단기적인 목표와 장기적인 목표를 연결하여 전체적인 그림을 그릴 수 있다.
- 효율적인 자원 배분: 각 단계별로 필요한 자원(시간, 예산, 인력 등)을 파악하고 효율적으로 배분할 수 있다.
- 리스크 관리: 예상되는 위험 요소를 미리 파악하고, 대응 방안을 마련하여 사업 실패를 최소화할 수 있다.
- 팀워크 강화: 모든 팀원이 공동의 목표를 향해 나아갈 수 있도록 공유하고 소통하는 기반을 마련한다.

정부 지원 사업 계획서에 사업 전체 로드맵을 포함하는 것은 사업의 성공 가능성을 높이고, 정부 지원금의 효율적인 사용을 증명하기 위한 필수적인 요소다.

로드맵이 중요한 이유는 다음과 같다.

- 사업의 명확한 목표 제시: 로드맵은 사업의 최종 목표를 명확하게 제시하고, 그 목표에 도달하기 위한 단계별 계획을 보여 준다. 이를 통해 평가위원들은

사업의 구체성과 실현 가능성을 쉽게 파악할 수 있다.

- 사업 추진의 체계성: 로드맵은 사업 추진 과정을 체계적으로 보여 줌으로써 사업이 계획대로 효율적으로 진행될 수 있음을 증명한다. 또한, 예상되는 문제점이나 위험 요소를 미리 파악하고 대처 방안을 마련할 수 있도록 돕는다.
- 자원의 효율적 활용: 로드맵을 통해 각 단계별로 필요한 자원(예산, 인력, 시간 등)을 명확히 하고, 자원을 효율적으로 배분할 수 있다. 이는 정부 지원금이 목표 달성을 위해 효과적으로 사용될 수 있음을 보여 주는 중요한 근거이다.
- 성과 측정 기준 마련: 로드맵은 각 단계별 성과 측정 기준을 제시하여 사업의 성공 여부를 객관적으로 평가할 수 있도록 한다. 이는 정부 지원금 사용 실적을 평가하고, 향후 사업 개선에 활용될 수 있는 중요한 자료가 된다.
- 사업의 투명성 확보: 로드맵은 사업 추진 과정을 투명하게 공개하고, 이해관계자들과의 소통을 원활하게 하여 신뢰를 구축하는 데 기여한다.

정부 지원 사업 평가 시 로드맵이 중요하게 평가되는 이유는 다음과 같다.

- 사업의 실행 가능성: 로드맵을 통해 사업이 현실적으로 실행 가능한지, 목표 달성이 가능한지를 판단한다.
- 사업 추진의 체계성: 로드맵이 얼마나 체계적이고 논리적으로 구성되어 있는지를 평가한다.
- 자원 활용 효율성: 지원금이 효율적으로 사용될 수 있는 계획이 수립되었는지 평가한다.
- 성과 측정 가능성: 사업 성과를 객관적으로 측정할 수 있는 지표가 제시되었는지 평가한다.

따라서 정부 지원 사업 계획서를 작성할 때 로드맵은 단순히 사업 계획을 나열하는 것이 아니라, 사업의 성공 가능성을 높이고 정부 지원금의 효율적인 사용을 증명하는 중요한 도구라는 점을 명심해야 한다.

로드맵 작성 시 유의할 점
- 구체적이고 명확하게: 각 단계별 목표, 활동, 예상 결과를 구체적으로 제시해야 한다.
- 시간 계획: 각 단계별 소요 시간을 명확히 하고, 전체적인 일정을 제시해야 한다.
- 자원 계획: 각 단계별 필요한 자원(예산, 인력, 장비 등)을 명확히 제시해야 한다.
- 성과 측정 지표: 각 단계별 성과를 측정할 수 있는 구체적인 지표를 제시해야 한다.
- 위험 요소 및 대응 방안: 예상되는 위험 요소를 파악하고, 이에 대한 대응 방안을 제시해야 한다.

❷ 협약 기간('24.04. ~ '24.12.) 내 목표 및 달성 방안

※ 제품·서비스(시제품)의 개발·구체화를 위해 협약 기간 내 추진하려는 달성 가능한 목표 및 상세 추진 일정 등

〈 사업 추진 일정(협약 기간 내) 〉

순번	추진 내용	추진 기간	세부 내용
1	필수 개발 인력 채용	00.00 ~ 00.00	OO 전공 경력 직원 00명 채용
2	제품 패키지 디자인	00.00 ~ 00.00	제품 패키지 디자인 용역 진행
3	홍보용 웹사이트 제작	00.00 ~ 00.00	웹사이트 자체 제작
4	시제품 완성	협약 기간 말	협약 기간 내 시제품 제작 완료
...			

〈작성 예시(협약 기간)〉

추진내용	추진기간	세부내용
앱 제작	2024.04.01 ~ 2024.06.30.	나도랑게 앱 제작
농어촌체험장 모집 및 업무협약	2023.04.01. ~ 2024.12.31	전라남도 내의 체험장 방문 및 업무협약
앱 출시 및 홍보시작	2024.06.30~2024.12.31	인플루언서, 외부 광고를 통한 홍보
SNS 마케팅 홍보	2023.04.01. ~ 2024.12.31	'나도랑게' 농어촌체험 관광 홍보 지역내 축제 홍보
농산물 판매 (네이버스토어)	2023.04.01. ~ 2024. 12.31	공동구매/자체 홈페이지에서 판매
체험 현장 라이브커머스 제작	2023.04.01. ~ 2024.12.31	찾아가는 현장 라이브커머스 제작 및 송출

<24년도 사업화 일정>

❸ 정부 지원 사업비 집행 계획

※ 자금 필요성, 금액의 적정성 여부를 판단할 수 있도록 정부 지원 사업비 집행 계획 기재

• 사업 운영 지침 및 사업비 관리 기준 내 비목별 집행 유의사항 등에 근거하여 기재

※ 사업비 집행 계획(표)에 작성한 예산은 선정 평가 결과 및 제품·서비스 개발에 대한 금액의 적정성 여부 검토 등을 통해 차감될 수 있으며, 신청 금액을 초과하여 지급할 수 없음

〈 정부 지원 사업비 집행 계획 〉

※ 정부 지원 사업비는 최대 1억 원 한도 이내로 작성

비 목	산출 근거	정부 지원 사업비 (원)
재료비	• DMD 소켓 구입(00개×0000원)	3,000,000
	• 전원 IC류 구입(00개×000원)	7,000,000
외주용역비	• 시금형 제작 외주용역(OOO제품 .... 플라스틱 금형 제작)	10,000,000
지급수수료	• 국내 OO전시회 참가비(부스 임차 등 포함)	1,000,000
합 계		...

〈작성 예시〉

정부지원금 신청 희망금액(A)	자기부담금 예정액(B=C+D)		총 사업비 (E=A+B)
	현금(C)	현물(D)	
100백만원	10백만원	20백만원	100백만원

< 사업비 세부내역(정부지원금+대응자금) >

비 목	산출근거	금액(원)		
		정부 지원금	대응자금 (현금)	대응자금 (현물)
재료비	• 촬영 소품	5,000,000		
광고선전비 용품	• 홍보물제작 (메모지,키링등)	2,000,000		
외주용역비	• 나도랑게 홍보 영상 제작 및 편집	3,000,000		
	• 앱 개발	50,000,000		
광고선전비	• SNS마케팅 홍보(인스타그램, 블로그,인플루언서등)	10,000,000		
인건비	• 월 100만원*10개월		10,000,000	
촬영장비	• 야외촬영 장비 (카메라,삼각대,각종소모품)			20,000,000
합 계		70,000,000	10,000,000	20,000,000

❹ 자금 필요성 및 조달 계획

※ 본 지원 사업 정부 지원 사업비 이외 회사 설립 등 소요 비용, 투자 유치 등 추가 자본금 조달에 대한 구체적 목표와 전략 기재

---

8. 팀 구성(Team)

※ 성명, 성별, 생년월일, 출신학교, 소재지 등의 개인정보(유추 가능한 정보)는 삭제 또는 마스킹[학력] (전문)학·석·박사, 학과·전공 등, [직장] 직업, 주요 수행 업무 등만 작성 가능

- 대표자(팀) 구성 및 보유 역량

❶ 대표자(팀) **현황**

※ 대표자 보유 역량(경영 능력, 경력·학력, 기술력, 노하우, 인적 네트워크 등) 기재

- 역량: 창업 아이템을 개발 또는 구체화할 수 있는 능력

- 유사 경험, 정부 지원 사업 수행 이력, 관련 교육 이수 현황, 관련 수상 실적 등 포함

※ 팀에서 보유 또는 보유할 예정인 장비·시설, 직원 역량(경력·학력, 기술력, 노하우 등) 기재

※ 협약 기간 내 채용 예정인 인력에 대해서 기재

※ 채용 예정이 없는 1인 (예비)창업팀의 경우, 대표자 역량, 보유 장비·시설 등을 중심 기재

《(예비)창업팀 구성 예정(안)》

순번	직위	담당 업무	보유역량(경력 및 학력 등)	구성 상태
1	공동대표	S/W 개발 총괄	OO학 박사, OO학과 교수 재직(00년)	완료('00.00)
2	대리	홍보 및 마케팅	OO학 학사, OO 관련 경력(00년 이상)	예정('00.00)
...				

❷ 외부 협력 현황 및 활용 방안

※ 제품·서비스 개발 및 구체화 등과 관련하여 협력(또는 예정)인 파트너, 협력 기관(기업) 등 역량과 주요 협업(협력) 내용 등 기재

순번	파트너명	보유 역량	협업 방안	협력 시기
1	OO전자	시제품 관련 H/W 제작·개발	테스트 장비 지원	00.00
2	OO기업	S/W 제작·개발	웹사이트 제작 용역	00.00
...				

- 중장기 사회적 가치 도입 계획

※ 기업 설립 이후 지속 가능한 경영 등을 위한 중장기적 사회적 가치 도입 계획 작성

• 환경: 폐기물 배출 감소, 재활용 확대, 친환경 원료 개발, 에너지 절감 등 환경 보호 노력

• 사회: 지역사회 교류, 사회 환원, 인권, 평등, 다양성 존중 등 사회적 책임 경영 노력

• 지배구조: 윤리경영, 상호 존중 조직 문화 구축, 근로환경 개선 등의 투명 경영 노력

왜 사회적 가치 도입 계획이 필요한가?

- 지속 가능한 성장: 사회적 가치를 중심으로 기업을 운영하면 장기적인 관점에서 기업의 가치를 높이고, 투자자와 고객의 신뢰를 얻을 수 있다.
- 사회적 책임: 기업은 단순히 이윤 추구만을 목표로 하는 것이 아니라, 사회의 구성원으로서 사회적 문제 해결에 기여해야 한다.

사회적 가치 정의 및 목표 설정

- 사회적 가치 정의: 기업이 추구하는 사회적 가치를 명확하게 정의한다. 환경 보호, 사회적 약자 지원, 지역사회 발전 등 다양한 영역에서 사회적 가치를 창출할 수 있다.
- 목표 설정: 구체적이고 측정 가능한 사회적 가치 목표를 설정한다. 예를 들어, '2025년까지 폐기물 감량 30% 달성', '지역 사회 취약계층 100명에게 일자리 제공' 등과 같이 수치화된 목표를 설정하는 것이 좋다.

사회적 가치 창출 전략 수립

- 핵심 사업과의 연계: 기업의 핵심 사업과 사회적 가치를 연계하여 시너지를 창출하는 방안을 모색한다.
- 사회적 문제 해결: 사회적 문제 해결을 위한 구체적인 사업 모델을 개발한다.
- 지역 사회와의 협력: 지역 사회와 협력하여 사회적 가치를 창출하는 다양한 프로그램을 운영한다.
- ESG 경영 도입: 환경(Environment), 사회(Social), 지배구조(Governance) 경영을 도입하여 지속 가능한 성장을 추구한다.

정부 기관, 시민단체, 학계 등 외부 기관과 협력하여 시너지를 창출하고, 사회적 문제 해결에 기여한다.

"사회적 가치 도입 계획은 단순한 선택이 아닌,

기업의 미래를 위한 필수적인 투자입니다."

〈작성 예시〉

[전라남도 농어촌 체험 통합 플랫폼 예시]

- 사회적 가치: 지역 경제 활성화, 농촌 지역 일자리 창출, 지역 문화 보존, 환경 보호
- 목표: 2025년까지 플랫폼을 통해 100개 이상의 농가 소득 증대, 지역 관광객 10% 증가, 플랫폼 이용자 만족도 90% 달성

사업화 전략

- 지역 농가와의 협력 강화: 공정한 수익 분배 시스템 구축, 농가 교육 프로그램 운영
- 지역 관광과 연계: 지역 축제와 연계한 체험 프로그램 개발, 지역 특산물 판매
- 환경 보호: 친환경 농법을 실천하는 농가 우선 지원, 플라스틱 사용 줄이기 캠페인
- 성과 측정: 농가 소득 증가율, 관광객 수, 이용자 만족도 조사, 환경 영향 평가
- 이해관계자 소통: 지역 주민, 농가, 지자체와 정기적인 소통 채널 구축, 사회적 가치 보고서 발간

창업, 꿈을 현실로 만드는 첫걸음!

꼼꼼한 사업계획서는 성공적인 창업의 지름길이다. 아이디어 발상부터 시장 분석, 사업 실행까지, 단계별로 필요한 모든 정보를 담았다. 이 책이 여러분의 창업 성공을 위한 든든한 길잡이가 되기를 바라며 끊임없는 노력과 열정으로 여러분의 꿈을 현실로 만들어 나가길 기원한다.

망하지 않으려면 읽어야 하는 창업 필독서

1판 1쇄 발행 2025년 1월 31일

저자 최민교, 정성하, 문창호, 임상섭,
　　　이준범, 장민정, 이재원

교정 신선미　**편집** 윤혜린　**마케팅·지원** 김혜지

펴낸곳 (주)하움출판사　**펴낸이** 문현광

이메일 haum1000@naver.com　**홈페이지** haum.kr
블로그 blog.naver.com/haum1000　**인스타그램** @haum1007

ISBN 979-11-94276-22-7(03320)